밥상을 바꾸면 세상이 바뀐다

밥상을 바꾸면 세상이 바뀐다

2022년 9월 15일 초판 1쇄 발행
2022년 10월 24일 초판 2쇄 발행

지은이　｜박석준
편집　　｜이만옥
디자인　｜지화경·달바다 design company
펴낸이　｜이문수
펴낸곳　｜바오출판사

등록｜2004년 1월 9일 제313-2004-000004호
주소｜서울시 마포구 신수동 448-6 한국출판콘텐츠센터 422-7호
전화｜02)323-0518 / 문서전송 02)323-0590
전자우편｜baobooks@naver.com

ISBN 978-89-91428-38-6　03300

이 도서는 2022 경기도 우수출판물 제작지원 사업 선정작입니다.

밥상을 바꾸면

박석준 지음

음식과 맛에 관한
새로운 인식을 위하여

세상이 바뀐다

달면 삼키고 쓰면 뱉어야 한다

달면 삼키고 쓰면 뱉는 것은 인간이 살아남기 위한 본능적 행위다. 단맛이 없었다면 인간은 오늘날처럼 진화하지 못했을 것이다. 특히 뇌의 발달에 치명적인 제약이 왔을 것이다. 조선시대에도 임금들은 경연經筵에 나가기 전에 조청 같은 것을 한 숟가락씩 먹었다. 이런 전통은 오늘날에도 대학 입시를 위한 시험장 입구에 엿을 붙여놓는 풍습으로 내려오고 있다.

물론 인간이 진화해오기까지 단맛만 필요했던 것은 아니다. 다섯 가지 맛이라고 하는 맵고 짜고 시고 달고 매운맛(감칠맛을 뺀 이유는 본문에서 말할 것이다)도 필요하다. 그러나 이는 모든 동물에 공통되는 것은 아니다. 예를 들어 고양이 같은 동물은 단맛을 느끼지 못한다고 한다. 단맛은 고양이의 진화에 의미가 없었기 때문일 것이다. 그러므로 맛을 나누는 것은 혀의 문제가 아니라 생존과 번식의 문제다. 맛을 아는 것 역시 생존과 번식을 위해 필요했기 때문이다. 그런데 다양한 먹을거리 중에서 어느 것이 몸에 좋고 나쁜지 어떻게 알았을까?

아마도 첫 번째 방법은 눈으로 보고 코로 냄새 맡고, 그다음에는 먹어보는 것이었을 것이다. 동아시아에서 이야기되는 신농神農 전설은 이런 사정을 반영하고 있다. 곧 "신농이 하루에 70가지 독을 맛보았다"(『회남자淮南子』「수무훈修務訓」)는 말이 그것이다.

그러나 맛을 아는 방법에는 직접 먹는 것 이외의 방법도 있다. 그것은 대상이 되는 음식을 다른 것과의 관계 속에서 그 상象을 보고 나누어 보고 미루어 짐작하는 것이다. 이를 '취상비류取象比類'라고 한다.

맛의 역사에서 가장 중요한 변화는 아마도 신석기 시대의 농경과 함께 시작되었을 것이다. 주기적으로 넓은 지역을 이동하며 살던 인류는 주로 채집과 수렵으로 생존을 유지했다. 동식물은 물론 온갖 곤충까지 인류가 먹었던 음식의 종류는 거의 무한대라고 할 만큼 많았을 것이다.

농경은 인류의 오랜 경험과 취상비류의 과정을 거쳐 얻은 지혜를 바탕으로 성립하였다. 그러나 농경은 제한된 지역에의 정착 생활을 전제로 하며, 이는 곧 먹는 음식의 대상 역시 제한된다는 것을 뜻한다. 정착생활을 하면서 먹는 대상이 정착지 주위의 음식으로 한정되었으며 따라서 맛도 제한되었다. 특히 주식이 되는 쌀이나 밀은 모두 단맛을 갖고 있다. 농경과 함께 '맛의 제한과 단맛의 증가'가 이루어진 것이다.

이후 다시 한번 맛이 크게 변하게 되는 것은 근대로 오면서 이루어진다. 이는 음식이 하나의 상품, 자본주의적 상품으로 바뀌는 때이다. 따라서 맛도 상품이 된다. 이를 상징적으로 보여주는 것이 흔히 '미원'이라고 지칭하는 MSG(monosodium glutamate, 글루탐산나트륨)다. 이제 맛은 자연이나 몸과의 연관을 벗어나 무한 축적 가능한 상품으로 변했다. 한의학적으로 볼 때 글루탐산나트륨은 단맛이다. 농경과 더불어 증가된 단맛이 이제는 무한히 확장 가능한 맛으로 변한 것이다.

그런데 단맛은 대부분의 사람들이 좋아하는 맛이어서 그것 맛보면 삼키기 마련이다. 그래서인지 지금 단맛이 대세다. 그런데 다른 한편에서는 정반대의 일이 벌어지고 있다. 우리 속담에 따르면 쓴맛은 뱉어야 하는데도 지금은 커피와 같은 쓴맛이 유행하고 있다.

쓴맛 역시 사람이 생존하고 번식하는 데 없어서는 안 되는 맛이다. 커피와 같은 쓴맛도 적절하게 먹어야 한다. 지금은 먹는 정도가 지나치다. 지금처럼 커피의 쓴맛을 많이 먹는 것은 사람의 본성에 기초한 것이라기보다 사회적 분위기와 연관이 있다. 첫째는 커피가 상품이 되었다는 것이고, 둘째는 이윤창출을 위해 커피에 대한 신화가 지속적으로 만들어지기 때문이다.

우리에게는 조선의 고종高宗이 처음으로 커피를 먹었다는 말부터 일제 강점기에는 "모던뽀이"가 즐기던 음료이며 미군정 하에서는 '구세주'인 미군이 먹는 음료로 소개되어 무언가 이국적이고 고상하며 아무나 즐길 수 없는 음료로 소개(사실은 고종 이전부터 커피가 들어왔다. 박종만, 「한국 커피의 역사」)되었고, 그리고 지금은 도시문화의 상징이 되었다.

맛을 함부로 보면 죽는다

맛은 왜 중요할까?

고자告子가 말한 것처럼 "먹는 것과 번식은 인간의 본성이다("食色, 性也." 『맹자』). 인간이 양육하기 위해서는 먹어야 하고 먹기 위해서는 맛을 가려야 한다. 맛은 먹기 위한 첫걸음이다. 첫 단추를 잘못 꿰면 옷을 제대로 입을 수 없다. 마찬가지로 맛을 제대로 보지 못하면 설혹 자신은 죽지 않는다 하더라도 다음 세대로 이어질 수 없다. 번식을 할 수 없는 것이다. 설혹 이어지더라도 정상적이라고 하기 힘든 형태로 나타날 것이다.

쌀을 예로 들어보자.

쌀은 크게 자포니카종과 인디카종으로 나뉜다. 자포니카종은 낱알이 짧고 둥글며 밥을 지어놓으면 찰기가 있다. 주요 생산지는 한국과 일본, 중국의 동북3성(요녕성, 길림성, 흑룡강성) 등지이며, 이탈리아, 미국 캘리포니아, 호주 등지에서도 재배한다. 반면에 인디카종은 전 세계적으로 가장 많이 생산되는 쌀로, 낱알이 길쭉하고 밥을 지었을 때 찰기가 거의 없다. 밥그릇용 식사에는 적합하지 않고 오므라이스나 카레라이스 같은 접시용 요리에 적합한 쌀이다. 주요 생산지는 타이, 베트남, 필리핀, 인도네시아, 중국 양쯔강 이남, 미국 아칸소나 루이지애나 같은 남부지역 등이다. (최선호, 『쌀 : 잘 먹고 잘 사는 법』, 김영사, 2004)

인디카종은 기후와 토양의 차이가 있지만 재배가 적합한 곳에서는 1년에 두세 번씩 수확할 수 있어서 매우 경제적인 쌀이다. 그래서 처음 우리나라에 인디카종이 도입되었을 때, 만성적인 곡물 부족 사태를 해결할 구원군으로 여겼다. 그러나 얼마 지나지 않아 사람들이 인디카종을 멀리하기 시작했다. 먹을 때 식감이 좋지 않았을뿐더러 먹고 나서 얼마 지나지 않아 금방 속이 헛헛해지기 때문이었다. 밥을 먹었는데도 힘이 나지 않기 때문이다.

이는 아마도 인디카종이 찰기가 없어서 소화가 잘 되기 때문일 것이다. 사실 영양성분으로만 보면 약간의 차이는 있지만 인디카종은 우리가 먹던 자포니카종과 크게 다를 것은 없다. 어차피 같은 쌀이기 때문이다. 그러나 분명히 우리는 인디카종을 먹고 나면 속이 금방 꺼지는 느낌이 들며, 힘이 생긴다는 느낌은 별로 들지 않는다.

한국과 일본, 동북지역은 사계가 분명하고 겨울에는 기온이 많이 내려간다. 반면에 인디카종이 많이 나고 또 그것을 많이 먹는 지역은 더운 곳이다. 추운 곳에서 사는 사람들의 위와 더운 곳에 사는 사람들의 위는 다르다. 추운 곳에 사는 사람들의 위는 상대적으로 몸 안이 따뜻한 편이어서 소화를 잘 시킨다. 반면에 더운 곳에 사는 사람들의 위는 상대적으로 몸 안이 찬 편이어서 소화 능력이 떨어진다. 그래서 추운 곳에 사는 사람들에게는 위에 들어가 천천히 영양을 공급할 수 있는 찰기가 있는 쌀이 적합하다. 반면에 소화 능력이 떨어지는 사람들에게는 위에 들어가 오래 머물러 있는 쌀은 적합하지 않다. 바로 소화되어 바로 나가버리는 쌀이 필요하다.

그래서 전통적으로 추운 지역에 사는 사람들은 자포니카종을 주식으로, 더운 지역에 사는 사람들은 인디카종을 주식으로 삼았다. 물론 쌀의 품종은 기후와 토양의 차이에 의해 달라진 것이지만 인간

역시 기후와 토양의 차이에 따라 다르게 진화했기 때문에, 각자 자신들에게 적합한 것을 주식으로 삼게 된 것이다.

다른 예로 매운맛을 들어보자.

한때 세상에서 우리나라 사람들이 매운맛을 제일 잘 먹는다는 미신이 지배한 적이 있었다. 아마도 해방 후 접하게 된 미군들이 매운맛을 잘 먹지 못하는 것을 보고 나온 말일 수 있다. 그러나 1986년에 나온 한 라면 광고에 '사나이 울리는 라면'이라는 카피가 사용된 데에서도 알 수 있듯이, 오늘날의 입맛으로 보면 그다지 맵지 않은 라면을, 당시에는 매워했다는 것을 알 수 있다.

그러나 진짜 매운맛을 보게 된 것은, 아마도 음식점이 체인화되면서 모든 음식을 공장에서 만들어내기 시작한 90년대 이후일 것이다. 매운맛은 묘한 중독성이 있어서 매울수록 고객의 관심을 끌어내는 데 유리할 수 있다. 이에 따라 멕시코와 같은 중남미나 베트남 같은 동아시아에서 생산한 고추가 대거 수입되기 시작했다. 모두 더운 곳이다. 이런 고추들은 대개 청양고추보다 훨씬 더 맵다. 그런데 왜 더운 지역에 사는 사람들이 매운맛을 좋아할까?

더운 곳에서는 체온이 너무 올라가지 않게 조절하는 것이 중요하며, 이를 위해서는 땀을 잘 흘려야 한다. 땀구멍이 막히면 큰일 난다. 그래서 열을 내서 땀을 내게 하는 매운맛이 이들에게는 꼭 필요한 맛이 된다.

반면에 추운 곳에서는 체온이 내려가지 않게 조절하는 것이 중요하며 이를 위해서는 땀을 함부로 내서는 안 된다. 열린 땀구멍으로 찬 기운이라도 들어오면 만병의 시작이라고도 할 수 있는 감기에 걸리기 쉽다. 그러므로 땀을 내는 매운맛을 줄여야 한다. 그럼에도 불구하고 오늘날 대세는 달고 짜고 매운맛이다.

맛의 도를 찾아서

맛은 시대에 따라 변한다. 사람마다 좋아하는 맛이 다를 뿐만 아니라 느끼는 정도도 다르다. 일률적으로 맛이 어떻다고 말하는 것 자체가 무의미한지도 모른다. 그럼에도 『중용』에서는 왜 맛을 아는 이가 드물다고 했을까.

> 도가 밝아지지 못하는 이유를 내가 알았다. 잘난 사람은 지나치고 어리숙한 사람은 미치지 못하기 때문이다. 사람들이 마시고 먹지 않은 이가 없지만 맛을 아는 이는 드물다.(『중용』)

이를 음식으로 바꾸어 말하면 이렇게 될 것이다. 맛을 잘 안다는 사람, 그래서 이것이 제일 맛있다고 주장하는 사람은 지나치고, 맛을 잘 모르는 사람은 맛도 모르고 아무거나 먹거나 남들이 맛있다고 하는 말을 좇아 '맛집' 앞에 줄을 서기 때문에 진정한 맛, 곧 맛의 중용을 찾기 어렵다.

맛에서 중용이란 무엇일까. 그것은 우선 몸에 좋은 맛일 것이다. 오래 먹어도 물리지 않는 맛, 오래 그리고 많이 먹어도 몸을 해치지 않는 맛이 바로 중용의 맛일 것이다. 감칠맛은 당장 혀에는 좋지만 그것이 지나칠 때는 몸에 나쁘다. 더군다나 자연의 감칠맛이 아니라 인공적인 화학약품의 감칠맛은 더 말할 나위가 없다. 그다음으로는 다른 사람을 해치지 않는 맛이다. 예를 들어 후추 같은 향신료나 커피 같은 음료에 대한 맛의 욕구가 지나쳐 다른 나라 사람들을 해치면서까지 즐기지 않는 것이다. 그리고 마지막으로는 자연과의 관계를 해치지 않는 맛이다. 특정한 맛에 치우쳐 그 맛을 내는 음식만 채취하거나 생산하여 자연의 질서를 해치지 않는 맛이 중용일 것이다.

사람들이 맛을 모르는 이유는, 맛의 기준을 혀에 두기 때문이다. 원시인 심지어 "야만인"들도 잘 알던 맛을 모르게 된 이유는 바로 여기에 있다. 중용을 지켜야 함에도 중용을 지키지 못하는 이유는 헛된 기준, 곧 명예와 권력과 돈과 섹스에 기준을 두기 때문이다. 물론 혀도 몸의 일부다. 그렇지만 말 그대로 일부일 뿐이다. 혀만 좋자고 몸을 망칠 수는 없는 일 아닌가.

맛은 인류를 탄생시켰고 인류의 생존과 번식을 지켜왔다. 이것이 가능했던 것은 맛을 혀가 아닌 몸, 그것도 자연과 유기적 조화를 이루는 몸을 중심으로 보았기 때문이다. 다른 사람들과의 관계도 고려하여 맛을 보았기 때문이다. 세치 혀를 기준으로 맛을 나누고 맛을 본다면 인류의 생존과 번식은 심각한 위협을 받을 수도 있다. 단맛이든 짠맛이든 쓴맛이든 모두 사람에게 필요한 것인 만큼 그런 맛을 조금 치우치게 먹는다 해도 당장 큰 문제는 없을지 모른다. 다만 그 피해는 차곡차곡 쌓여 서서히 나타날 것이다. 늘어나는 수명과 함께 우리는 벌써 암이나 자가면역질환 등 과거에 드물었던 병들을 만성적으로 갖게 되었다. 맛을 제대로 알지 못한다면, 당장 죽지는 않고 오히려 늘어나는 수명만큼 긴 시간 동안 고통받으며 서서히 죽어갈지도 모른다.

우리 몸에는 세포가 있다. 세포는 세포막을 통해 외부로부터 자신을 보호한다. 더불어 외부의 물질을 받아들이고 또 내보내기도 한다. 세포막은 세포의 생명을 지켜서 오래 갈 수 있게[장구長久] 하는 것이다. 만일 세포가 엉뚱한 것을 받아들이면 세포는 오래 갈 수 없다. 세포막 자신만 좋자고 자기가 좋아하는 것만 받아들이면 안 된다. 음식에서 혀는 세포의 세포막과 같다. 혀만 좋자고 함부로 맛을 받아들일 수는 없다. 몸에 좋은 것은 삼키고 나쁜 것은 뱉어야 한다. 그러려면 맛을 제대로 알아야 한다. 그러나 현실에서 혀는 보고 듣는 온갖 헛된 것들로 마비되어 맛을 알기는 쉽지 않다.

맛은 내가 맛보는 것만이 아니다. 맛은 음식이 나에게 맛으로 자신의 본성을 알리는 것이기도 하다. 음식이 드러내는 맛을 알면 음식과 내 몸과의 관계를 알 수 있다. 음식이 드러내는 맛을 알면 음식이 자연과 맺고 있는 관계를 알 수 있다. 음식이 드러내는 맛을 알면 음식이 사회와 맺고 있는 관계를 알 수 있다. 이렇게 음식을 알고 내 몸을 알고 자연을 알고 사회를 알면 맛이 보일 것이다. 그러면 자연스럽게 중용의 길, 맛의 도道 역시 깨닫게 될 것이다.

차례

제1장

음식·병·약

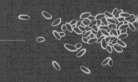

병은 더불어 있는 것이다

천연두는 과거에 "마마媽媽"라고 불렀다. "손님"이라고도 했다. 원래 '마마'는 임금이나 왕족에게만 쓰이는 존칭인데 천연두를 마마라고 부른 것을 보면 손님도 아주 큰 손님인 셈이다. 마마는 무서운 병이지만 맞서 싸우지 말고 손님을 맞이하듯 잘 대접해서 돌려보내야 한다고 본 것이다. 반면에 심한 병에 걸리면 '천형天刑'이나 '천벌天罰' 같은 말도 썼는데 이는 병을 도덕적 차원에서 본 것이다. 오늘날 우리는 그런 생각이 미신이라고 알고 있다.

그렇지만 막상 내가 암에 걸렸다고 하면 어떤 생각이 들까? 암 같은 큰 병에 걸렸을 때 많은 사람들이 처음 느끼는 것은 분노라고 한다. '왜 하필 내가 걸렸나' 하는 마음이 드는 것이다. 그다음에는 '나는 할 일이 많은데, 아직 죽으면 안 되는데'라고 하는 절망감이 든다고 한다. 이런 과정을 반복하다가 어떤 사람은 희망을 찾고 어떤 사람은 절망에 빠진다.

오늘날 암에 대한 일반적인 생각은, 암은 없애야 한다는 것이다. 그래서 수술로 도려내거나 방사선을 쪼여 죽여버리거나 암을 없애는 약물을 복용해야 한다고 생각한다. 아니면 최소한 암 치료에 좋은 무언가를 먹어야 한다고 생각한다. 그러나 암은 누구나 태어나면서부터 갖고 있는 것이다. 암은 지금도 내 몸속에서 끊임없이 생겼다 없어지고 있다. 문제는 이 과정에서 균형이 깨지는 것이다.

암만이 아니라 몸에 해로운 물질이 들어오거나 생기면 면역계가 반응하여 이를 없애게 된다. '인터류킨interleukin'이라는 단백질은 면역계가 그런 해로운 물질과 싸우도록 자극하는 단백질이다. 그런데 인터류킨은 흔히 스트레스라고 하는 부정적인 감정에 빠지면 감소하고 긍정적인 감정이 들면 증가한다고 한다. 이 이론에 따르면 긍정적 감정만으로도 암을 잘 다스릴 수 있게 된다. 그렇다면 암은 없애고 죽여야 할 어떤 것이 아니라 긍정적인 마음을 갖고 같이 살아가는 것, 다만 잘 다스려야 하는 것, 마치 손님을 맞이하듯 잘 대해서 돌려보내야 하는 것이라고 할 수 있을 것이다. (여기에서 어떻게 긍정적 감정을 가질 수 있는가 하는 문제는 도덕과 연관된 문제다. 이는 뒤에서 다시 다루기로 한다.)

기생충에 관한 다음 이야기는 이런 생각에서 더 나아간다. 그것은 기생충이 박멸되고 나서부터 베체트병이나 아토피 같은 자가면역질환이 급증했고, 아직 공인된 치료법은 아니지만 베체트병에 돼지촌충의 알을 환자의 소장에 넣으면 병이 완화되거나 치료된다고 한다.

이를 보면 암이나 기생충 같이 나쁜 것, 없애야 할 것이라고 알고 있던 것이 이미 내 몸속에 들어 있을 뿐만 아니라 우리 몸의 좋은 것과 나쁜 것이 서로를 만들면서 함께 살아가고 있음을 알 수 있다. 그래서 한의학에는 기생충이 병을 일으키면 어떤 수단을 동원해서 죽이기보다는 몸에서 빠져나가게 하거나 복통과 같은 문제를 일으키지 않도록 다스리는 처방을 쓴다.

어찌 보면 병은 우리를 만들고 있는 또 하나의 나일지도 모른다. 생명의 탄생부터가 바이러스와의 공생에 의한 것임을 생각해보면 더욱 그러하다. 우리 몸속의 미토콘드리아라는 박테리아가 그러한 공생의 대표적인 예라고 할 수 있다. 미토콘드리아가 없이는 사람이라는 종 자체가 생길 수 없었고, 지금도 우리는 미토콘드리아 덕분에 살 수 있는 것이다. (어떤 사람들은 미토콘드리아에 영생의 비밀이 숨어 있다고도 본다.)

그러므로 병은 박멸할 대상이 아니라 같이 살아가야 하는 것이다. 왜냐하면 병을 없앤다는 것은 내 몸의 일부를 없애는 것과 같기 때문이다. 이는 마치 공기가 나쁘다고 공기를 없애버리는 것과 같다. 다만 그것이 내 몸과 마음을 불편하게 하지 않도록 다스리면 그만이다. 그래서 『석명釋名』에서는 이렇게 말한다. "병은 더불어 있는 것이다. 정기正氣와 더불어 몸속에 있는 것이다. (病, 竝也. 與正氣竝, 在膚體中也.)"

더 나아가 조지훈 시인은 병에 대해 이렇게 말한다.

"자네는 나의 정다운 벗, 그리고 내가 공경하는 친구"(「병病에게」)

특효약은 없다

사마천의 『사기』에 따르면, 진시황은 영원히 죽지 않기 위해 방중술을 비롯한 온갖 양생술을 동원하였으며 불로초를 찾아 서복徐福에게 수천 명이 동남동녀를 딸려 큰 배에 싣고 동쪽으로 보냈다고도 한다. 그러나 진시황도 죽고 그가 세운 나라도 사라졌다. 그래서 진시황을 허망한 꿈을 쫓는 어리석은 사람이라고 말한다. 그러나 과연 우리도 그런 허망한 꿈을 꾸고 있지 않다고 자신 있게 말할 수 있을까? 영원히 죽지 않기를 바라지는 않아도 많은 사람들이 병이 들면 약을 찾는다. 아픔을 참기 어렵기 때문이다. 그런데 '약藥'이란 무엇일까?

원래 약은 '독毒'이라고 썼다. "신농이 하루에 100가지 풀을 맛보고 72가지 독에 중독되었다"는 말은, 신농이 여러 풀 중에서 약이 되는 것을 찾아냈다는 말이다.

고대에 '독'이라는 말은 두텁다[厚]는 뜻이었다.(『설문해자說文解字』) 인정이나 사랑이 많고 깊다는 말이다. 그래서 '독천하毒天下'라고 하면 백성을 잘살게 한다는 뜻이 되고(『역전易傳』 단전彖傳 사괘師卦. 단옥재段玉裁의 설을 따랐다.) 사람에게 쓰면 병을 고친다는 뜻이 된다. 물론 독에는 이런 뜻 말고도 몸을 해친다는 뜻도 들어 있다.

그런데 여기에서 '두텁다'는 말은 무엇이 두터운 것일까? 그것은 '기가 두텁다'는 말이다. 기가 세다, 강하다는 말이다. '기氣'는 어떤 사물이 다른 사물과 관계를 가져서 그것이 다른 사물에 미치는 힘을 말한다. 그러므로 독하다는 것은 기가 세다는 말이고, 그런 기의 힘이 세서 다른 사물에 미치는 영향이 크다는 말이다.

한 사물의 기가 다른 사물의 기에 미치는 영향은 상대적이고 상황적이다. 예를 들어 온도가 20도라고 할 때 평소 몸이 찬 사람과 더운 사람에게 미치는 영향은 다르다. 찬 사람은 그것을 편안하게 느낄 수 있지만 더운 사람은 불편해한다. 또한 같은 사람이라고 하더라도 여름에 느끼는 편안함과 불편함은 겨울에 느끼는 그것과 다르다. 독 역시 하나의 기이기 때문에 독이 미치는 영향은 독의 양과 영

약은 그 자체가 약이 아니라
특정한 병을 앓는 사람과의 관계 속에서 약이 된다.

향을 미치는 대상의 상태, 환경이라는 조건에 따라 다르다.

결국 독은 그 자체가 사람을 해치는 것이 아니라 누구에게 어떤 상황에서 어떻게 쓰이느냐에 따라 달라지는 것이다. 그런데 왜 독 대신 약이라는 말을 쓰게 되었을까? 그것은 아마도 시대가 지나면서 점점 대상을 그 자체로 떼어서 보려는 관념이 생겼고, 그에 따라 사람을 즐겁게 하는 풀은 약藥이라고 하고(藥=草+樂) 해害가 되는 것은 독이라고 나누어 보기 시작했기 때문일 것이다.

대상을 나누어 그 자체로 보려는 것은 대상을 잘 알기 위한 것이다. '분명分明하다'는 말처럼 뒤섞여 있을 때보다 나누었을 때 더 잘 알 수 있다. 명백하다는 뜻의 영어 'clear'(클리어)에도 떼어내서 치운다는 뜻이 있고, '알다'는 뜻의 일본어 '分かる'(와카루)에도 나눈다는 '分'(분) 자가 들어 있다.

그러나 나눈다는 것은 대상을 온전하게 아는 방법이 아니다. 왜냐하면 모든 것은 다른 것과 연관되어 있으면서 끊임없이 서로 영향을 미치고 영향을 받으며 변화해간다. 그런 연관과 변화를 배제하면 그것은 이미 현실의 존재가 아니다. 나누는 것은 어디까지나 머릿속에서 임시로, 자세히 알기 위한 방편으로 나누어 보는 것일 뿐이다. 사람을 예로 들어보자.

우리는 다른 모든 것과 분리하여 사람 그 자체를 생각해볼 수는 있지만 현실에서의 사람은 한순간도 그 사람이 딛고 서 있는 땅이나 공기라는 조건을 벗어날 수 없으며 그것을 빼버리면 그 순간 그 사람은 죽게 된다. 또한 부분의 합은 전체가 아니다. 사과를 나누고 다시 합한다고 해서 원래의 사과가 될 수 없다.

그럼에도 불구하고 우리는 많은 경우, 대상을 분리시켜 나눈 다음 그것을 합해보는 데 익숙해져 있다. 분리하는 순간 그것은 어디까지나 머릿속에서의 일일뿐이라는 사실을 잊고 마치 그것이 현실인 것처럼 착각한다. 소위 말하는 이성에 의한 분석과 종합이 그것이다. 그걸 '과학'이라고 믿는다.

오늘날 우리는 병과 그 병을 치료하는 약에 대해서도 똑같이 생각한다. 병은 그 병 자체로 따로 있고 그 병을 치료하는 약도 따로 있다고 믿는 것이다. 그러다 보니 만병통치약이나 특효약을 찾거나 그런 신약을 개발하고 싶어 한다. 불로초를 찾는 진시황과 다를 바가 없다. 그러나 무슨 병에는 무슨 약이라는 특효약은 없다. 다른 것들과의 연관 속에서 끊임없이 변해가는 병이 있는 것처럼 끊임없이 변해가는 약이 있을 뿐이다.

병은 반성의 계기다

중풍에 걸려 후유증으로 고생하는 어떤 분이 몇 년이 지났는데도 얼굴에는 늘 분노의 기색이 드러났다. 후유증도 가볍고 의식도 맑아 다른 분에 비하면 행운이었지만 늘 불만인 표정이다. 마음을 편하게 드시라고 말씀드렸지만 별 변화가 없다. 그러니 치료하는 내 입장에서도 불편하고 그분 역시 불편할 것이다. 이래서는 치료가 안 된다. 아무리 맛있는 음식이 있어도 내 마음이 불편하면 그 맛을 느끼지 못하는 것처럼 치료 역시 환자와 의사가 서로 마음이 맞아야 한다. 흔히 운대가 맞는다는 말이 바로 이런 경우에 해당할 것이다.

병에 걸려 마음이 불편한 분들을 보면 병들기 전에도 그러했던 분이 많다. 그런 분들은 사람들이 내 뜻대로 하기 바라지만 그러지 못한 현실에 모든 것을 못마땅하게 여긴다. 반대로 현실의 문제를 모두 내 탓으로 여겨 비관적인 생각을 하는 사람도 있다. 모두 부정적인 생각이다.

세상에 똑같은 사람이 한 명도 없는 것처럼 똑같은 생각을 하는 사람은 한 명도 없다. 그러므로 "사람 마음이 다 내 맘 같지 않다"는 말은 그냥 있는 사실을 사실대로 말한 것뿐이다. 그럼에도 이 말이 불편한 심기를 표현하는 말이 된 것은, 다른 사람의 마음을 내 마음에 맞추려 했기 때문이다. 다행히 그 사람이 내 마음에 맞춰주면 나는 편하겠지만 보통 내 마음에 맞춰주는 사람, 그것도 기꺼이 맞춰주는 사람은 별로 없다. 예외가 있다면 사랑하는 사람을 대할 때이다.

갓난아기의 예를 들어보자. 갓난아기는 말도 못하고 제대로 움직이지도 못한다. 그렇지만 부모는 아기가 요구하지 않아도 뭐 해줄 것이 없나, 뭘 해줘야 좋을지를 걱정한다. 아기를 어르려고 자기 나이에 어울리지 않는 목소리로 "까꿍"을 연발한다. 표정이나 몸짓 역시 자기 나이에 어울리는지와는 상관없이 아기가 기분 좋기만을 바란다. 그런데 아기가 점점 자라 말을 하고 자기 혼자 돌아다닐 수 있게 되면서부터 부모와 자식 사이가 점차 벌어지고 때로는 전쟁마저 일어난다. 부모가 하루 종일 하는 말 중에 "하지 마라"는 말과 더불어 "무엇을 하라"는 말이 많아진다. 그다음 과정은 더 말할 나위가 없다.

그러면 내 마음과 다른 남의 입장은 어떠한가? 처음에는 나에게 마음을 맞춰주던 사람이 시간이 지나면서 점점 내 마음과 다른 요구를 한다. 이럴 때 나는 그 사람 마음에 나를 맞추든가 아니면 거절해야 한다. 그 사람과 맞추면 내가 불편해지고 맞추지 않으면 그 사람이 불편해진다. 두 사람 사이의 관계가 불편해진 것이다. 이것이 쌓이면 결국 스트레스가 되고 이는 몸을 병들게 한다. 이처럼 병은 교통사고나 감기처럼 갑자기 생기기도 하지만 대부분의 병은 오랜 동안 쌓여서 생긴다. 병은 내가 차곡차곡 만들어가는 것이다.

그러면 어떻게 해야 할까? 서로 어기지 말아야 한다. 내가 하고 싶지 않은 것을 다른 사람에게 하지 말고 내가 당하고 싶지 않은 것을 다른 사람에게 해대지 말아야 한다.(『논어』) 단 이는 마주하는 사람 모두에게 요구되는 조건이다. 아랫사람만 그래야 한다거나 윗사람만 그래야 하는 것이 아니라 모두가 서로에게 그렇게 대해야 한다. 그러나 이는 쉽게 이룰 수 있는 일이 아니다.

병은 사람과의 관계에서만 생기지 않는다. 그 사람이 맺고 있는 다른 관계에서도 생긴다. 첫째로 자연과의 관계다. 여기에는 땅이나 공기 같은 자연적 환경과 인간이 만든 음식 등이 포함된다. 오염된 환경에서 살거나 나쁜 음식을 먹으면 병이 생긴다. 둘째는 내 마음과 몸과의 관계다. 곧 욕심 때문에 내 몸을 온전히 대하지 않기 때문에 생긴다. 돈이나 명예, 권력에 대한 욕심, 특정한 음식이나 성에 대한 욕심이 지나치면 내 몸과 무리한 관계를 하게 된다. 내 몸을 제멋대로 쓰는 것이다.

이렇게 보면 병은 결국 내가 맺고 있는 모든 관계, 곧 사람과 사람과의 관계(사회적 관계)와 음식이나 자연과 맺는 관계(자연적 관계), 내 몸과 마음의 관계(생물학적 관계)에서 잘못이 있었기 때문에 생기는 것이다. 그러므로 마음만을 강조하여 도를 닦거나 종교를 갖는다거나, 아니면 몸만을 강조하여 운동이나 기공을 하는 것만으로는 부족하다. 또 물 좋고 공기 좋은 곳을 찾아 유기농 음식만 먹는 것으로도 부족하다.

무엇 때문에 병이 생겼는지 내가 맺고 있는 모든 관계를 살펴보고 거기에서 잘못된 관계를 고쳐나가야 건강해진다. 어떤 사람에게 한번 허물이 있다고 해서 곧바로 그 사람의 존재가치가 없어지는 것이 아닌 것처럼, 허물을 되돌아보고 좋게 고쳐나가면 되는 것이다.

허물은 더 좋은 상태로 나아가기 위한 계기일 뿐이다. 몸과 마음의 수양修養은 곧 수선修繕이다. 병도 마찬가지다. 병은 내가 맺고 있는 관계를 반성하는 계기일 뿐이다. 잘못된 관계를 하나씩 고쳐나가는 계기일 뿐이다.

어진 사람이 오랜 산다

2016년 중국의 국가주석 시진핑은 『논어』에서 '화이부동和而不同'이라는 말을 꺼내 앞으로 중국의 전략이 바로 여기에 있다고 하였다.

원래 '화和'는 악기인 생황을 말한다. 생황은 고구려의 벽화나 신선의 그림에 자주 등장하는 악기다. 국악기 중에서는 유일한 화음 악기다. '화'는 모든 음이 똑같아서는[동同] '화'가 되지 않는다. '화'가 이루어지려면, 곧 화음이 되려면 음이 서로 달라야 한다. 서로의 차이를 전제로 해야 한다. 차이를 인정할 뿐만 아니라 차이를 유지한 상태에서 합쳐야 비로소 '화'가 이루어진다.

공자는 이상적인 인간인 군자君子의 세 가지 도道 또는 덕德으로, 어짊[仁]과 지혜로움[智]과 용감함[勇]을 들고 각각에 대해 "어진 사람은 근심하지 않고 지혜로운 사람은 유혹에 빠지지 않고 용감한 사람은 두려워하지 않는다"고 말한다.

여기에서 문제가 되는 것은 '어짊'이다. '인仁'으로 표현되는 이 말은 『논어』에서 자주 나오지만 왜 어진 사람에게 근심이 없는지는 설명하고 있지 않다. 나아가 왜 "어진 사람이 오래 산다"고 하는지에 대해서도 아무런 설명이 없다.

동아시아의 전근대에서 '지혜롭다'는 말은 사물 자체에 대해 잘 안다는 것이 아니라 사물 사이의 관계를 잘 안다는 말이다. 알기 위해서는 사물 자체의 본질에 해당하는 구조와 기능이 아니라 사물 사이의 관계를 잘 알아야 한다. 그런데 사물은 움직인다. 그러므로 지혜롭기 위해서는 흐르는 물과 같이 변화무쌍한 동적인 변화의

생황

역학을 잘 알아야 한다. 지혜로운 사람이 동적이라는 말(지자요수知者樂水 … 지자동知者動, 『논어』)은 그런 뜻일 것이다.

그에 비해 어진 사람은 정적이다. 마치 산과 같이 움직이지 않는다. 어진 사람이 산을 좋아하는 이유는 산이 늘 그러할 것이라고 믿기 때문이다.(인자요산仁者樂山 … 인자동仁者靜, 『논어』) 어진 사람은 하늘이 무너지지 않는다는 것을 믿는다. 내일 해가 다시 뜰 것임을 믿는다. 그러므로 어진 사람은 기우杞憂에 빠지지 않아 근심 걱정이 없다. 이런 믿음은 자연에 대한 것도 포함하지만 믿음은 무엇보다도 사람에 대한 것이다. 어진 사람은 사람 사이의 관계 역시 믿는다.

또한 어진 사람은 자기가 서려고 하면 남을 세워주고 내가 트이고 싶으면 다른 사람을 트여준다.(기욕립이립인己欲立而立人, 기욕달이달인己欲達而達人, 『논어』) 남을 앞세우고 돕는 사람이 어진 사람이다.

반면에 용기가 있는 사람은 두려움이 없지만 그 용감함이 반드시 사람 사이의 믿음을 바탕으로 한 것은 아니다. 내가 나선다고 다른 사람도 따르리라는 법은 없기 때문이다. 세상에 믿는 사람이 아무도 없다면 나 홀로라도 나서야 한다. 용감한 사람은 아무런 두려움 없이 나서겠지만 아마도 그 사람은 외로울 것이다. 자기 힘에 부치는 일을 혼자 하다 몸을 상하기도 할 것이다.

한편 지혜로운 사람은 남에게 사기를 잘 당하지 않을 것이다. 지혜롭기 때문이다. 오히려 그 지혜를 이용하여 남에게 사기를 칠 수도 있다. 다른 사람들의 믿음을 이용할 수 있기 때문이다. 그러나 지혜로운 사람은 그렇기 때문에 언젠가는 자신도 사기를 당할 수 있다는 사실을 잘 알고 있다. 그러므로 지혜로운 사람은 오히려 두려움이 많고 근심이 많다. 용기가 없을 수도 있다.

그러나 믿는 사람은 그럴 필요가 없다. 설혹 길을 가다 쓰러지더라도 누군가가 나를 부추겨줄 것임을 믿기 때문이다. 하루아침에 내 재산이 다 없어져도 누군가가 보태줄 것임을 믿기 때문이다. 진정한 용기가 여기에서 나온다.

그러므로 어진 사람은 불필요한 걱정과 근심을 할 필요가 없다. 관계를 요리조리 이용하여 더 큰 이익을 보려 하지도 않는다. 나를 내세울 필요도 없다. 늘 변함없는 산처럼, 언제나 찾아가도 묵묵히 받아주는 산처럼 믿음을 갖고 사람 사이에서 살아갈 뿐이다. 가슴앓이를 할 필요도 없고 무모하게 몸을 쓸 필요도 없다. 그러니 건강하고 오래 살 수밖에 없다. 하늘이 무너져도 살아날 구멍이 있다는 믿음이야말로 공동체를 살아가는 사람들이 가져야 할 가장 큰 덕목일 것이다.

봄에는 일찍 일어나고 늦게 자라

"봄의 세 달은 묵은 데서 새 것이 나오는 때이다. 하늘과 땅이 모두 살아나오고 이로써 모든 것이 꽃핀다. 봄에는 늦게 자고 일찍 일어나 정원을 느긋하게 거닐며 머리와 옷을 풀어헤쳐 마음속에 무언가 자꾸 생겨나게 하라. 봄에는 살리되 죽이지 말며 남에게 주되 빼앗지 말고 상 주되 벌 주지 마라. 이것이 봄의 기운에 맞춰 생명을 기르는 도이니, 이를 거스르면 간을 상하게 될 것이요 여름이 되면 찬 기운으로 인한 병이 생길 것이니, 여름의 자라나는 기를 받아들이기 부족하게 된다."(『황제내경』「사기조신대론四氣調神大論」)

봄은 모든 것이 살아나는 때이다. 겨울의 죽음으로부터 모든 것이 살아난다. 발생發生한다. '발생'이란 없던 데에서 새로운 것이 나오는 것을 말한다.

겨울을 '죽음'이라고 했지만 이 세상에 절대적인 죽음은 없다. 생명이 모든 관계의 총체인 이상 모든 관계가 절대적으로 없어지는 그런 죽음은 없다. 구름이 모였다가 흩어지는 것처럼 우리가 말하는 죽음이란 기가 흩어지는 것이, 생명이란 기가 다시 합치는 것이다. 그러므로 꼴이 보이지 않는다 해도, 내가 느낄 수 없다고 해도 생명 자체가 없어진 것은 아니다. 아니 생명이나 죽음이 따로 있는 것이 아니다. 생명은 죽음이요 죽음은 생명이다. 그러므로 엄밀하게 말하면 그것은 죽음이 아니다. 다만 겨울의 찬 기운에 감춰져 있었을 뿐이다. 그 생명이 봄의 양기陽氣를 받아 밖으로 드러난다. 양기는 생명을 살리는, 드러내는 힘이다.

그러므로 봄에는 솟아나오는 양기를 최대한 받아들여야 한다. 그러기 위해서는 아침에는 일찍 일어나 뜨는 해의 양기를 받아들이고 저녁에는 늦게까지 남아 있는 양기를 받아들인다. 따라서 사람은 봄의 기운에 따라 일찍 일어나고 늦게 자야 한다.

봄에는 양기가 솟아나지만 아직은 힘이 없다. 여름의 무성한 양기와는 다르다. 마치 여린 새싹과도 같다. 내 몸도 이러한 양기의 봄 운동에 따라 움직여야 한다. 조바심 내며 잰걸음으로 걸어서는 안 된다. 아직 부치는 힘을 모르고 나대서도 안 된다. 봄의 들판처럼 탁 터진 곳에서 큰 걸음으로 느긋하게 걸어야 한다.

또한 봄에는 머리를 풀어헤치고 옷도 느슨하게 풀어준다. 이는 마치 봄이 되어 밭을 가는 것과 같다. 밭을 갈면 밭은 숨을 쉰다. 밭을 갈아 땅속에 감춰진 생명이 양기를 잘 받아들일 수 있게 도와주는 것이다. 그러므로 겨우내 꽁꽁 싸맸던 옷과 머리를 풀어 한껏 양기를 받아들인다.

나아가 봄에는 내 마음속에도 무언가가 자꾸 생겨나게 해야 한다. 올 한 해에 할 일이 무엇인지 이것저것 챙겨보는 것이다. 하루의 계획은 아침에 세우고 일 년의 계획은 봄에 세운다.

사회와의 관계도 마찬가지다. 봄은 살리는 계절이다. 봄의 기는 만물의 생명을 발생시킨다. 그러므로 사람의 사회관계에서도 모든 것을 살려야 한다. 남에게 주되 빼앗지 않고 상 주되 벌을 주지 않는 것은 봄의 기에 따른 사회관계의 실현이다. 그것이 말 그대로 자연적인 것이다.

이렇게 하지 않으면 봄의 양기를 충분히 받아들이지 못하여 여름에는 찬 기운으로 인한 병이 생기게 된다. 우리 몸이 자연과 하나라고 한다면 겨울을 지나며 우리 몸속에는 겨울의 찬 기운이 들어와 있거나 생명을 살리는 양기가 부족할 것이어서 봄에 양기를 충분히 받아들여 찬 기운을 없애야 한다. 그러므로 유난히 여름나기가 어렵다면 그 사람은 봄에 한 자신의 잘못을 되돌아봐야 한다.

마찬가지로 봄에 유난히 춘곤증을 느끼는 사람이 있다면 그 사람은 지난겨울을 되돌아보아야 한다. 겨울에는 모든 것이 감춰져 있다. 양기도 감춰져 있다. 감춰진 양기를 함부로 꺼내 쓰면, 다시 말하면 겨울에 운동을 하여 땀을 많이 흘리거나 성관계를 자주 가져 양기를 쏟았거나 하면 봄에 춘곤증이 된다. 병은 하루아침에 생기는 것이 아니다.

하루에 몇 끼를 먹어야 하나

하루에 한 끼만 먹어야 한다고 주장하는 책이 나와 많은 사람의 관심을 끌었다. 또 어떤 사람은, 우리 몸은 아직 구석기 시대라면서 하루 한 번의 식사와 원시적인 식단을 주장하기도 했다. 일일일식으로 적어도 다이어트에는 성공했다는 사람도 적지 않다. 건강해졌다는 사람도 많다. 그러나 부작용도 만만치 않다. 가장 대표적인 것이 위궤양과 같은 위장 질환이나 변비이며, 심한 경우는 심장병이 생기거나 면역력이 떨어지기도 한다.

일일일식이 맞고 틀리고를 떠나 오늘날 대부분의 사람들은 필요 이상으로 지나치게 먹는다. 그리고 나서는 살을 빼기 위한 전쟁을 벌이고 있다. 그런 점에서는 먹는 것을 줄일 필요가 있다. 거기에 더하여 지구의 에너지 순환이라는 관점에서도 오늘 우리의 음식 소비는 분명 문제가 많다.

인류의 역사를 돌아보면 오늘날과 같은 세 끼의 식사는 아주 짧은 시간에 도입된 특이한 습관임을 알 수 있다. 인류는 오랜 기간, 최소 10만 년 동안 수렵생활을 하면서 하루 한 끼 혹은 불규칙한 식사를 해왔다. 이 과정에서 소위 기아유전자(혹은 검약유전자)라고 하는 것이 발달했다. 이 유전자는 소화된 음식을 지방으로 바꾸어 저장하는 일을 맡고 있다. 생존을 위한 최소한의 대책으로 이런 유전자가 발달한 것이다.

이 유전자 때문에 인류는 멸망하지 않고 지금까지 살아올 수 있었다. 그런데 농경사회가 시작되면서 인류는 규칙적인 식사를 하게 되었고 부의 축적이 일어나면서 필요한 것보다 더 많이 먹는 사람이 나타나기 시작했다. 사회의 진화를 몸의 진화가 따라잡지 못하게 된 것이다. 이에 따라 다양한 병이 생기고 그에 따른 의학도 발달하게 되었다. 서양의 경우, 고대 그리스를 중심으로 의학이 발달하는 시기와 동아시아에서 의학이 발달하는 시기가 비슷한 것은 바로 이런 이유 때문이다.

정착 생활, 특히 농경사회에서는 농업을 좌지우지하는 자연의 흐름에 맞추어 식사를 했다. 아침에 해가 뜨면 일어나 일을 하고 해가 지면 잔다. 여기에 맞춰 식사도 바뀌었다. 이때 생긴 '조반석죽朝飯夕粥'이라는 말은 농경사회였던 동아시아의 오랜 식습관이었다. 곧 아침을 든든하게 먹고 저녁은 죽 같은 것으로 간단히 먹는다는 말이다. 이는 자연의 흐름에 따른 방법이었다.

그러나 자본주의가 발전하면서 식습관은 다시 혁명적인 변화를 겪는다. 그것은 과거에 비해 넉넉하지는 않지만 안정된 음식과 더불어 하루 세 끼 식사가 시작된 것이었다. 하루 세끼라는 식습관은 8시간 3교대라고 하는 자본주의의 공장제 노동에 맞춘 것이다. 이는 인류의 진화나 자연과 아무런 관계없이 생겨난 규칙이다. 서양의 경우는 근대화가 빨라 좀 더 일찍부터 세끼를 먹기 시작했고 우리의 경우는 약 100여 년 전부터 세끼를 먹기 시작했다.

식사는 노동과 함께하는 것이다. 또한 자연과 함께하는 것이다. 오늘날의 노동은 자본주의 속에서의 노동이므로 하루 세끼는 불가피하다. 그러나 세끼는 분명 우리 몸과 맞지 않는다. 또한 자연의 흐름과도 맞지 않는다.

그렇다면 어떻게 먹는 것이 좋을까.

그것은 한 마디로 아침은 넉넉하게, 점심點心은 말 그대로 마음에 점을 찍듯 적당히, 저녁은 아주 적게 먹는 것이다. 양으로 보면 역삼각형이 된다. 그러나 많은 사람들이 거꾸로 먹고 있다. 아침은 적게 먹거나 아예 먹지 않고 저녁을 많이 먹는다. 삼각형 모양으로 먹는 것이다. 각종 모임도 대부분 저녁에 몰려 있어서 이런 방식이 강제되었고 습관화되었다.

몸의 진화는 사회의 진화보다 늦게 일어나 지금도 우리 몸에는 기아유전자가 작용하고 있다. 그래서 아침을 먹으면 우리 몸은 쌓아

하루 세끼는 자본주의 공장제 노동의 산물이다.

놓았던 지방을 쓰기 시작한다. 그러나 아침을 먹지 않으면 지방을 최대한 아껴야 하므로 지방을 내놓지 않는다. 그러다가 저녁에 먹을 것이 들어오면 내일을 위해 지방을 저장한다. 결국 아침은 먹을수록 지방이 없어지고 저녁은 먹을수록 지방이 쌓이게 된다. 하루 세끼를 먹되 역삼각형 모양으로 되게 먹으면 사회와 자연과 조화를 이루면 서도 몸의 균형도 찾을 수 있다. 역삼각형으로 먹으면 살찐 사람은 살이 빠지고 반대로 마른 사람은 적절하게 살이 오른다. 한 마디로 나에게 가장 알맞은 몸매가 만들어지는 것이다.

소식을 해야 하는 이유

고대의 양생에 관한 문헌을 살펴보면 한결같이 소식少食을 말하고 있다. 나아가 도교에서는 솔잎이나 송홧가루 같은 것으로 대체하거나 아예 모든 곡기를 끊어야 한다고도 말한다. 오로지 기만을 먹어야 한다는 것이다. 여기에서 "기를 먹는다"는 것은 호흡에만 의존한다는 것이다. 그러나 곡기를 끊어도 좋은지는 의학적으로 아직 확인되지 않았다. 더군다나 도시에 살면서 자연과는 무관한 '규칙적인' 일상생활을 해야 하는 사람에게는 치명적인 해가 될 수 있다.

많이 먹고 많이 움직이면 된다고 하는 사람도 있다. 그러나 많이 먹게 되면 몸의 신진대사가 빨라진다. 운동을 해도 빨라진다. 결국 노화가 빨리 진행되는 것이다.

어떤 사람이 쥐 실험을 한 적이 있다. 첫 번째 무리의 쥐에게는 많이 먹고 많이 운동하게 하고, 두 번째 무리에게는 많이 먹되 적게 운동하게 하고, 세 번째 무리에게는 앞의 두 무리와 달리 적게 먹고 대신 운동을 많이 하게 하였고, 마지막 네 번째 무리에게는 적게 먹고 운동도 적게 했다. 이중에서 가장 오래 산 쥐는 어떤 쥐였을까? 답은 적게 먹고 적게 운동한 쥐였다.

앞서 언급했지만 적게 먹되 그중에도 저녁을 적게 먹어야 한다. 인류는 원래 하루 두 끼를 먹어왔다. 어떤 사람은 사람들이 세 끼를 먹어왔다고도 하지만 그것은 지배층에 한정된 이야기다. 아주 소수의 지배층을 제외한 대부분의 사람들은 아주 오래전부터 하루 두 끼에 적응해왔다.

특히 저녁에는 술을 곁들이는 경우가 많은데, 술을 마시면 포만감을 느끼는 세포가 마비되어 많이 먹어도 배부른 줄 모르게 된다. 자기 양보다 많이 먹는 것도 해로운데 술을 먹고는 취해서 그냥 쓰러져 잔다. 그러면 먹은 음식이 소화되지 않고 그대로 위에 머물게 되고 위산 역시 그대로 머물게 되어 위궤양과 같은 병이 생기게 된다.

또 하나, 음식을 먹되 가능하면 제철에 난 것으로, 고기는 밥 같은 곡식의 양보다 적게, 요리는 굽거나 튀기지 않고 먹는 것이 좋다. 그리고 무엇보다 맛이 진한 음식을 피해야 한다. 맛이 진한 음식은 대개 맛이 있다. 그리고 한번 진한 맛에 길들여지면 더 강한 자극을 찾아 더 진한 음식을 원하게 된다. 악순환이다. 이런 진한 맛은 비생리적 체액인 담痰을 만들게 되고, 이 담은 중풍이나 암을 포함한 모든 병의 근원이 된다.

하루 세끼를 먹되 역삼각형 모양으로, 평소 먹던 양보다 약간 적게, 그리고 담백하게 먹는다면 더 이상 먹는 것에 신경 쓸 필요가 없다. 비만도 신경 쓸 필요가 없다. 자연스럽게 이런저런 병도 사라질 것이다. 나아가 많이 먹으면 자연의 에너지 소비가 많아진다. 지구를 망가뜨리는 지름길이 된다.

바나나맛 우유와 게맛살의 공통점

바나나맛 우유와 게맛살의 공통점은 무엇일까?

답은 모두 바나나나 게살이 들어 있지 않다는 것이다. 그러면 무엇이 들어 있을까?

사람들은 보통 바나나나 게살 맛을 내는 어떤 '맛'이 들어 있을 것이라고 생각한다. 그러나 거기 들어가 있는 것은 '맛'이 아니라 '향'이다. 그러니까 정확하게 말하자면 바나나 '향' 우유, 게'향'살이라고 해야 맞다. 그럼에도 식품회사에서는 모두 '맛'이라는 이름을 붙였다. 그래서인지 한 식품회사에 근무하는 어떤 사람은 맛을 향이라고 주장한다. 우리가 맛을 느끼는 것은, 음식을 먹을 때 입 뒤로 코와 연결된 작은 통로를 통해 향기 물질이 휘발하면서 느껴지는 극소량의 향을 가지고 수만 가지 맛을 느끼는 것이다. (최낙언, 『맛이란 무엇인가』)

맛이 향이라는 말은 일면 수긍이 가는 말이다. 코가 막힌 사람은 맛을 잘 모른다. 코를 막고 음식을 먹어보면 맛이 확연하게 떨어진다. 그렇지만 설탕이나 소금, 화학조미료 또는 물과 같이 냄새가 거의 나지 않는 것은 어떨까? 냄새가 없으니 맛도 없는 것일까?

맛이 향이라는 말은 일면 맞는 말이다. 그러나 맛은 향으로만 이루어져 있지 않다. 우리가 음식을 먹을 때는 먼저 눈으로 보고 냄새 맡으며 손으로 만지고 씹히는 소리를 들으며 얼굴의 근육을 움직이고 혀를 돌려 목으로 넘긴다. 이 모두가 맛에 포함된다. 어디 이것뿐인가. 어려운 자리나 그런 사람과 함께하는 음식은 맛이 없다. 골똘하게 무언가 생각하며 먹으면 밥을 먹었는지 아니 무얼 먹었는지도 모른다.

열이 나면 음식이 쓰게 느껴진다. 추울 때 먹는 아이스크림과 더울 때 먹는 맛이 다르다. 같은 음식도 뜨거울 때와 차가울 때가 다르다. 소풍을 가서 먹는지 창문도 없는 지하에서 먹는지에 따라서도 맛이 달라진다. 결국 맛은 사람이 느낄 수 있는 거의 모든 감각, 나아가 사람과 자연과의 관계까지를 포함하여 느끼는 것이다. 우리가 일상적으로 상식적으로 생각하는 맛은 그런 것이다. 그럼에도 불구하고 왜 맛이 향이라는 주장이 나오는 것일까?

이런 주장을 이해하기 위해서는 먼저 맛과 향을 구분할 필요가 있다.

서양에서는 전통적으로 맛을 네 가지로 구분했다. 단맛, 쓴맛, 신맛, 짠맛이 그것이다. 여기에 매운맛은 빠져 있다. 이런 전통은 데모크리토스와 아리스토텔레스를 거쳐 오늘날까지 이어지고 있다. 여기에 감칠맛이 더해져 다섯 가지 맛뿐이라고 말한다. 그리고 나머지 우리가 느끼는 온갖 다양한 맛은 향이라고 한다. 이중 감칠맛(글루탐산)은 1908년 일본의 한 학자에 의해 '발견'된 것이다. 이것이 화학조미료(아지노모토味の素)로 만들어져 우리나라에서는 일제 때부터 팔리기 시작했다. (1915) 여기에서 그것이 맛의 대열에 낄 수 있는지 아

닌지는 혀의 맛봉우리에 그 맛을 느끼는 수용체가 있는지의 여부에 달려 있다고 한다. (감칠맛의 수용체는 2000년에야 발견되었다.)

이렇게 함으로써 다섯 가지의 기본적인 맛 이외에는 모두 향이라고 할 수 있는 근거가 생겼다. 더군다나 글루탐산이 기본적인 맛으로 들어감으로써 화학조미료를 쓸 수 있는 '과학적' 근거도 생겼다.

그러나 맛과 향을 구분하고 다시 기본적인 맛 이외에는 모두 향이라고 함으로써 얻을 수 있는 가장 큰 장점은 바나나맛 우유나 게맛살과 같이 원재료를 거의, 대개는 하나도 쓰지 않고 그런 느낌을 주는 상품을 만들 수 있게 되었다는 사실이다. 그런 상품을 만들기 위해서는 먼저 맛을 다른 '불순한' 요소들과 분리하여 맛 자체라는 것을 만들어야 한다. 맛은 더 이상 음식이 되어서는 안 된다. 맛 그 자체가 되어야 한다. 빨간 사과나 푸른 사과가 아니라, 봄여름가을 겨울 언제나 같은 맛을 낼 수 있는 사과 맛 자체를 만들어야 한다. 이를 가능하게 하는 것이 바로 화학적으로 정교하게 조작된 향이다.

MSG를 둘러싼 논란은 지금도 계속되고 있다.

한의학에서도 맛을 말한다. 산고감신함酸苦甘辛鹹이라고 하는 다섯 가지의 시고 쓰고 달고 맵고 짠맛이다. 서양과 마찬가지로 다섯으로 나눈다. 그러나 이는 단순히 혀에서 느껴지는 맛이 아니다. 그것은 몸으로 느껴지는 맛이다. 더 정확하게 말하자면 그것을 먹어서 몸에 나타나는 효과를 말한다. 기로서의 맛이다.

그래서 신맛을 먹으면 간의 기를 키워 수렴시키거나 진액을 생기게 하는 효과가 있고, 쓴맛은 심장으로 들어가 기를 내려주는 효과가 있으며, 단맛은 비장으로 들어가 느슨하게 해주는 효과가 있고, 매운맛은 폐로 들어가 열을 내주는 효과가 있으며, 짠맛은 신장으로 들어가 단단한 것을 부드럽게 하거나 맺게 해주는 효과가 있다.

이런 맛의 구분은 혀로 느끼기보다는 몸 전체로 느끼는 것이다. 한의학에서 말하는 맛은 현실의 다양한 맛을 일일이 다루지는 않지만 크게 다섯 가지의 맛이 각각 우리 몸에 어떤 영향을 주는지를 알게 해준다는 점에서 매우 유용하다. 물론 여기에서는 말하는 맛은 추상적인 맛이 아니라 현실의 음식에 들어 있는 맛이다.

맛을 향이라고 하면 그것은 오로지 코로 느껴지는 후각에 한정한 것이다. 맛을 오로지 입맛이라고 하면 그것은 혀로 느끼는 미각에 한정한 것이다. 그러나 기로서의 맛은 온몸으로 느끼는 것이다. 미각과 후각과 청각, 시각, 통각 등 모든 감각을 포함한 것이다. 나아가 그 맛을 먹음으로써 변화될 몸의 상태까지를 고려한 것이다.

맛이 중요한 이유는 바로 여기에 있다. 맛은 단순한 개인의 취향 문제가 아니라 몸에 직접적으로, 그리고 장기적으로 몸에 근본적인 변화를 가져올 수 있다. 한 예로 글루탐산과 같은 '맛'은 단지 맛에 그치지 않는다. 글루탐산은 대표적인 흥분성 신경전달물질이다. 다량을 지속적으로 섭취했을 때 그것이 가져올 문제(예를 들어 뇌신경의 파괴 등)에 대한 연구는 매우 미미하다. 더군다나 글루탐산에 나트륨을 결합시킨 글루탐산나트륨(MSG)을 둘러싼 논란은 아직 제대로 시작되지도 않았다.

그럼에도 우리 주위에는 온갖 첨가물이 잔뜩 들어간 음식이 판을 친다. 커피 제품에도 커피 향이 들어가고 요구르트에도 요구르트 향이 들어간다. 그런데 진짜가 아닌 가짜를 넣어놓고도 오히려 텔레비전에서 나오는 가수는 진짜 노래를 부르지 않고 립싱크만 하는데 왜 맛만 갖고 진짜 가짜를 따지냐고 볼멘소리를 한다. 그러나 우리가 맛에 대해 굳이 진짜 가짜를 따지는 것은 그것이 바로 내 몸을 만드는 것이기 때문이다. 내 몸은 바로 내가 먹는 음식, 그 음식의 맛이기 때문이다.

설탕, 달콤한 살인자

우리가 일상적으로 먹고 있는 음식 중 설탕이 들어가지 않은 것을 찾기 어렵다. 과자 종류와 가공식품은 말할 것도 없고 각종 장류, 김치까지 골고루 설탕이 들어간다.

설탕의 문제점에 대해서는 많이 알려져 있다. 당뇨나 비만 같이 잘 알려진 병 말고도 설탕을 많이 먹으면 근육 발달에 장애를 가져오고 조혈작용에도 문제가 생긴다. 심장을 비롯한 순환기의 문제, 소화불량 등 소화기, 호흡기, 비뇨생식기, 뇌신경, 내분비, 안이비인후과의 문제 등 일일이 나열하기도 어려울 정도다. 여기에서 비교적 간과되거나 가볍게 여기는 것으로 보이는 문제 하나만 말하자면, 설탕이 칼슘을 소비한다는 사실이다. 칼슘은 뼈를 만드는 것이어서 설탕을 많이 먹으면 뼈가 약해진다. 과거에는 놀다가 떨어져도 뼈가 부러지는 일이 드물었는데, 요즈음에는 조금만 부딪혀도 뼈가 부러지는 아이들이 많다. 소위 골다공증이라는 것도 많아졌다.

어떤 사람은 이렇게도 말한다. 과거에는 검사를 할 수 없었기 때문에 골다공증을 몰랐던 것이지 과거에도 많았을 것이라고. 과거를 되돌릴 수 없으므로 이런 말에는 찬성도 반대도 할 수 없다. 그러

나 역대 의서의 기록과 많은 사람들의 경험에 의하면 확실히 과거에
비해서는 골절이 많아진 것을 피부로 느낀다.

칼슘은 마음을 안정시키는 역할도 한다. 그러므로 설탕을 많이
먹으면 뼈가 약해질 뿐만 아니라 마음이 들뜨게 된다. 요즈음 사람
들이 스트레스에 약하고 불안하며 강박관념에 빠지기 쉬운 데에는
다른 요인이 많이 작용하므로 이를 모두 설탕의 죄로 말할 수는 없
지만, 칼슘을 빼앗는 설탕의 역할도 무시할 수 없다. 이외에 집중력
이 떨어지고 주의가 산만하고 우울하고 몸도 피로하고 단맛에 자꾸
손이 가는 등 탄수화물 중독증의 여러 증상에도 설탕이 기여하는 바
가 적지 않다.

식당에서 음식이 너무 달다고 하면 주인은 손님들이 원해서 그
렇게 하는 거라고 말하는 경우가 적지 않다. 달지 않으면 맛이 없다
고 불평한다는 것이다. 그러나 따져보면 그것은 거짓말이다. 우리나
라에 설탕이 들어온 것은 일제시대다. 그러나 그때는 친일파 등 소
수의 고위층 사람들이나 맛볼 수 있는 귀한 것이어서 큰 문제가 되
지 않았다. 60년대까지도 설탕은 귀한 것이어서 손님에게나 대접하
는 것이었다.

설탕이 문제가 된 것은 설탕이 대량으로 보급되기 시작한 한국
전쟁이 끝난 후부터다. 곧 미군정 하에서 적산불하와 삼백정책(설탕,
밀가루, 면직물 배분에 대한 특혜)으로 재벌이 탄생하면서부터다. 밀가루
같은 음식도 그러하지만 설탕은 우리가 선택한 것이 아니라 외부에
서 주입된 것이었다.

그 이전에는 음식에 설탕을 넣는 법이 없었다. 단맛을 내기 위

해 조청 같은 것을 썼지만 그것도 극히 일부의 음식에만 넣었다. 그러던 것이 해방 후 거의 모든 음식에 설탕이 폭탄처럼 투입되고 나서는 이제 설탕이 들어가지 않은 음식은 맛이 없다고 느끼게 되었다. 이렇게 보면 입맛은, 많은 사람들이 내가 선천적으로 타고난 것이거나 내가 만든 것이라고 생각하지만 사실은 사회적으로 주어지는 것이다.

어떤 사람은 설탕이 문제가 많으니까 다른 대체품을 찾는다. 아스파탐이나 사카린 등이 그것이다. 어떤 사람은 발암 물질이라고도 하고 어떤 사람은 일정량까지는 아무 상관이 없다고도 한다. 또 어떤 사람은 설탕 중에서도 정제된 백설탕이 문제지 흑설탕은 상관없다고도 한다. 그러나 필자는 그런 논란에 대해 언급하려는 것이 아니다. 여기에서 말하려는 것은 단맛 그 자체다.

한의학에서는 단맛을 오장육부 중에서는 비위脾胃와 연관시킨다. 다시 말해서 단맛은 비위의 기를 더해주는 맛이라고 본다. 오장

설탕이 마약 중독만큼 위험하다고 경고하는 포스터

육부 중 어느 하나라도 제대로 크지 못하면 몸이 건강하지 않을 것은 당연하다. 반대로 어느 하나 혹은 몇이 제 몫보다 더 커져도 균형이 깨져 건강하지 않게 된다. 심장이나 간장 어느 하나가 중요한 것이 아니라 모든 장부 사이의 균형이 중요하다.

그런데 단맛을 많이 먹으면 먼저 비위 자체에 문제가 생긴다. 단맛이 비위의 기를 너무 크게 만들기 때문이다. 비위의 기가 너무 세지면 뚱뚱한 사람이 날렵하게 움직이지 못하듯 비위가 제 기능을 하지 못하게 된다. 그 가장 대표적인 증상이 소화불량이다. 여기에 열이 더해지면 반대로 소화가 너무 잘 되게 된다. 또한 비위의 기능은 단순한 소화가 아니라 우리 몸의 기를 위아래로 돌리는 것이므로 전반적인 기의 순환에 장애가 오게 된다. 기가 잘 돌지 못하면 온몸에 문제가 생긴다.

나아가 비위의 기가 너무 세게 되면 오행의 논리에 따라, 목木에 해당하는 비위가 수水에 해당하는 콩팥의 기를 억누르게 된다(토극수土克水). 한의학에서 콩팥은 소변을 거르는 기관이 아니라 생식과 관련된 기관이다. 나아가 뼈나 허리, 귀의 건강까지 관리하고 있는 것이 콩팥이다. 그러므로 비위의 기가 너무 커지면 콩팥이 억눌려 제 역할을 하지 못한다. 그러면 콩팥과 연관이 있는 생식 기능은 물론 뼈도 약해지고 허리도 아프게 되고 귀에서 소리가 나는 등 여러 가지 병이 생기게 된다.

한의학에서는 단맛을 많이 섭취하면 뼈가 약해진다는 것을 이미 2천 년 전에 말하고 있었다. 여기에서 단맛을 내는 것이 반드시 설탕이어야 할 필요는 없다. 백설탕이든 흑설탕이든, 아스파탐이든 올리고당이든 과일이든 단맛을 많이 먹으면 그렇게 되는 것이다.

앞에서 말한 것처럼 콩팥은 생식을 책임지는 기관이다. 목에 해당하는 비위의 기가 너무 커져 수에 해당하는 콩팥을 억누르게 되면 콩팥의 기능이 떨어진다. 그러므로 단맛을 많이 섭취하면 생식과 관련된 모든 기능이 약해진다. 흔히 말하는 정력이 약해지는 것은 물론 콩팥이 생명의 근원이기 때문에 생명 자체도 흔들리게 된다.

그럼에도 초콜릿이나 케이크, 사탕 같이 단 음식이 사랑의 상징이 된 것은 참으로 아이러니하다. 특히 밸런타인데이나 화이트데이 같은 날에 사랑하는 사람에게 초콜릿을 선물한다는 것은 아무리 좋게 생각하려 해도 이해할 수 없는 일이다. 단것을 많이 먹게 하여 사랑하는 사람의 정력과 나아가 그 사람의 생명력을 약화시키겠다는 뜻인지, 상대의 정력을 받아들이기 벅차다는 뜻인지 도무지 알 수 없다.

한의학적으로 단맛은 비위의 기를 기르기 위해서도 반드시 필요한 것이지만 지나치면 온갖 질병의 원인이 된다. 지금 우리는 어찌 보면 단맛의 바다에 빠져 있다. 지나쳐도 너무 지나치다. 이제라도 식당에 가서 주문을 할 때는 이 한마디만 하자.

"달지 않게 해주세요!"

쓴맛, 제대로 알고 봅시다!

내 어린 기억 속의 커피는 오직 쓴맛뿐이었다(60년대 미국의 인스턴트커피). 그 쓴 것을 왜 비싼 돈 주고 마시는지 알 수 없었다. 그러다 대학에 들어가면서 차츰 커피와 프림, 설탕을 섞은 '다방 커피'에 익숙해지고 이어 자판기 커피로 옮겨가더니 이제는 향기도 그윽한 원두커피를 즐기고 있다. 그중에서도 에스프레소 커피를 즐기지만 아직도 커피 믹스는 가장 애용하는 커피의 하나다.

커피는 향도 좋지만 맛도 다양하다. 같은 커피 속에도 쓴맛만 있는 것이 아니라 신맛, 단맛도 있다. 온도가 높을수록 쓴맛이 강하고 좀 식으면 신맛이 나고 완전히 식으면 단맛이 난다. 그러나 이런 맛도 문화에 따라 달리 느껴진다.

에티오피아가 원산지인 커피는 처음 이슬람 수피 성직자들의 비약으로 쓰였다. 그래서 지배자에게 커피는 불온한 음료로 여겨졌다. 커피가 처음 유럽에 소개되었을 때도 많은 사람들은, 지옥처럼 시커멓고 쓰기만한 이슬람 이교도의 음료로만 여겼다. 이런 사정을 반영하여 독일의 경우, 바흐가 한 커피하우스의 홍보를 위해 '커피칸타타'를 작곡한 것이 1732년이니까 커피가 유럽에 도입되고 나서도 거의 100년이 더 지나서야 일반에게 받아들여지게 된다. 그러나 이 곡에서도 커피를 마시지 못하게 하는 아버지와 마시게 해달라는 딸이 등장하고 있어 그때까지도 커피에 대한 부정적 시각이 남아 있었음을 알 수 있다.

커피는 논란이 많은 음료다. 특히 17세기에 들어 제국주의의 확대와 더불어 커피가 이윤을 창출하는 주요 작물로 등장하고 오늘날에도 큰 이윤을 남기는 작물이어서 논란은 더 확대되고 있다. 이런 논란의 중심에 있는 것이 바로 커피의 효능이다.

커피의 효능을 정리하면 대체로 다음과 같다.

파킨슨병에 걸릴 확률을 낮춰주며 간암을 예방하고 당뇨(2형)도 예방하며 고지혈증, 내장 지방증후군도 예방한다는 것이다(『커피 한 잔의 힘』). 이외에 심장의 기능을 강화하고 고혈압, 탈모나 대머리, 여드름, 뇌졸중 등의 예방에도 효과가 있다고 한다.

그러나 부작용도 만만치 않다. 대표적으로 수면장애를 들 수 있다. 또한 칼슘 흡수를 방해하여 골다공증의 위험을 높이며, 위를 자극하여 위궤양을 악화시킨다, 불임이나 조산의 가능성이 커진다, 콜레스테롤 수치를 높인다, 고혈압을 유발한다, 소화가 안 되고 심장박동이 증가한다 등이다.

위의 두 주장을 보면 서로 반대되는 것이 많다. 그래서 어떤 사람은 커피가 정력에 좋다고도 하고 약화시킨다고도 한다. 또 숙취해소에 도움이 된다고도 하고 더 나빠진다고도 한다.

커피의 효능에 대한 이런 상반된 견해는 그 역사가 오래되었다. 서양의 중세에는 갈레노스 학파의 의학자들이 커피의 성질에 대해

엇갈리는 주장을 내놨다. 한쪽에서는 커피가 차고 건조하다고 봤지만, 다른 한쪽에서는 뜨겁고 건조하다고 주장했다.

동아시아에서도 커피의 성질에 대해 차갑다는 주장과 따뜻하다는 주장이 맞서고 있다. 다만 동서양을 막론하고 커피가 습한 것을 없애주는 성질이 있다는 데에 대해서는 일치한다. 이는 커피가 그만큼 다양한 효능을 갖고 있다는 것과 아직도 커피에 대해 모르는 것이 많다는 말이기도 하다.

커피는 열대나 아열대에 속하며 연간 강수량이 1,500밀리미터 이상이며 건기와 우기가 구분되고 배수가 잘 되는 화강암 풍화지대에서 잘 자란다. 대개 700~2,000미터의 고지대에 습도가 낮고 햇볕이 너무 뜨겁지 않은 곳, 일교차가 큰 곳이 좋다. 커피의 이런 생태적 특성은 커피의 효능과 직접적인 연관이 있다. 강수량은 많지만 건기와 우기가 나뉘고 비가 많이 와도 물은 잘 빠져야 하고 열대라

커피는 심장과 간, 이뇨작용에 좋다.
그렇지만 지나치면 피부가 거칠어지고 탈모에 치명적이다.

서 기후는 덥지만 햇볕이 너무 따가워도 안 된다. 이런 복잡한 조건에서 자라는 식물은 대부분 다양한 성질을 갖게 된다. 인삼이 그런 예이다.

커피 열매는 붉다. 껍질을 벗기면 누르스름한 빛을 띠는 흰색의 표피로 덮인 푸른색의 커피가 나온다. 이것을 볶으면 검게 된다. 오행으로 보면 붉은색은 심장, 흰색은 폐, 누른색은 비장, 푸른색은 간, 검은색은 콩팥에 영향을 미친다. 커피에는 오행의 오색이 다 들어 있으니 오장 모두에 영향을 준다는 말이다.

일반적으로 쓴맛은 쏟아내는 작용을 한다. 쏟아내는 일은 대개 소변이나 대변(설사)을 통해 이루어지는데, 커피는 습기를 말리는 성질이 있어서 흡수한 수분을 주로 소변으로 내보낸다. 커피를 마시고 소변을 자주 보게 되는 것은 바로 이런 이유 때문이다. 그래서 몸이 비대하면서 습기가 많고(대개 이런 사람은 땀이 많다) 수분대사가 잘 안 되어 쉽게 붓는 사람, 소변을 시원하게 보지 못하는 사람에게 커피는 좋은 음료가 된다. 그러나 반대로 몸이 건조하고 마른 사람에게는 나쁜 영향을 미친다. 특히 쓴맛을 많이 먹으면 피부와 털이 건조해져서 피부가 거칠어지고 털이 빠진다. 그러므로 탈모가 있는 사람에게는 치명적인 음료가 된다.

쓴맛은 심장에 영향을 미치기 때문에 심장의 기가 약한 사람(이나 그런 경우)에는 커피가 좋은 약이 된다. 커피를 마시면 머리가 맑아지고 졸음이 없어지는 이유다. 그러나 무엇이든 지나친 것은 모자란 것만 못하다. 심장의 기가 너무 강해지면 가슴이 두근거리면서 불안한 증상이 생긴다. 손이 떨리고 잠도 오지 않게 된다. 커피를 마시고 잠을 제대로 못 잤다는 사람이 있는 것은 바로 이런 이유 때문이다.

커피의 신맛은 간에 영향을 미친다. 간의 기를 키워주는 효과가 있다. 그래서 커피가 간암을 예방한다는 말이 나왔을 것이다. 그러나 이것 역시 지나치면 간의 기가 비위의 기를 억누르게 된다(목극토). 커피를 마시고 소화가 안 된다든가 속이 쓰린 것도 이런 이유 때문이다.

앞서 언급한 것처럼 단맛은 비위에 영향을 미친다. 한의학에서 비위는 단순히 소화를 담당하는 곳이 아니다. 특히 비장은 소화된 영양분을 온몸으로 보낼 뿐 아니라 몸의 기가 위아래로 잘 돌도록 해주는 곳이다. 그래서 커피를 마시면 소화가 잘 된다고 느끼는 것은 바로 이런 이유 때문이다. 또한 기가 잘 돌기 때문에 온몸의 상태가 쾌적하게 된다. 그러나 이 역시 지나치면 소화불량을 유발할 수 있다. 심한 경우 정력이 약해질 수도 있다. 그러나 커피의 단맛은 그렇게 강한 것이 아니기 때문에 설탕을 많이 넣지 않는 한 커피를 마셔서 이런 지경에 이르는 경우는 별로 없다.

커피의 대표적인 맛은 쓴맛이다. 쓴맛을 많이 먹으면 위에서 말한 여러 부작용이 생긴다. 결국 커피의 '쓴맛'을 보지 않으려면 보다 다양한 맛의 음료를 즐기는 수밖에 없다. 다양한 맛의 우리 전통 음료에 주목해야 하는 이유가 여기에 있다.

매운맛 좀 볼까

우리나라에 고추가 들어온 것은 16세기의 일이며 이것이 김치 등에 향신료로 쓰이기 시작한 것은 18세기의 일이다. 그리고 전국적으로 고추의 사용이 일반화된 것은 20세기 중반의 일이다. 고추가 우리 입맛을 사로잡기까지 약 400년이 걸린 셈이다.

물론 고추 이전에도 우리는 매운맛을 즐겼다. 그때 사용된 재료는 후추나 겨자, 마늘, 초피(문헌에는 천초로 되어 있다) 등이었다. 특히 초피는 매운맛을 내는 대표적인 재료로 쓰였다. 마늘은 단군신화에서부터 나오니까 아주 오래되었다고 할 수 있다.

그러나 오늘날과 같이 누구나 매운맛을 즐기는 것은 그렇게 오래되지 않았다. 1986년에 나온 '신라면'의 광고에는 "사나이 대장부가 울기는 왜 울어"라는 말이 나온다. 이때만 해도 매운맛은 남자들도 먹기 힘들었다는 뜻이다. 매운맛이 일반화된 것은 대체로 1990년대 중반 이후의 일로, 세계적인 매운맛의 선풍과 함께 시작되었다. 이 선풍은 멕시코 음식인 살사에 쓰인 칠리소스가 큰 역할을 했을 것으로 보인다(주영하, 『음식인문학』).

그러나 여기에는 몇 가지 우리만의 특징이 있다. 첫째는 맵기만 한 것이 아니라 '매콤달콤'이라는 수식어가 따라붙는 것처럼 매운 맛에 단맛이 곁들여졌다. 1970년대부터 널리 퍼진 고추장 떡볶이에 다량의 물엿이 들어가 맛이 달달하게 변하기 시작한 것도 이때부터다. 둘째로 서양에서는 다이어트나 건강이라는 측면과 향신료 정도의 의미를 갖는데 비해 우리는 고추장과 같이 주요한 양념으로 자리 잡았다는 점이다. 이 시기는 우리 음식이 '맵고 달고 짜고'로 변하는 때이기도 하다.

이러한 변화는 음식 프랜차이즈 사업과 더불어 시작되었다. 국내 음식 시장을 노린 외국의 프랜차이즈 브랜드들이 80년대 말부터 대거 들어오자 국내 프랜차이즈 사업도 본격적으로 대응하기 시작했다. 우리나라 최초의 김밥 프랜차이즈인 종로김밥이 1994년에 시작된 것도 이런 흐름 속에서 나온 것이었다.

이들 프랜차이즈 음식은 무엇보다도 식재료와 관계없이 언제 어디서나 일정한 맛을 유지해야 한다. 그러나 대부분의 식재료는 계절과 밀접한 관계가 있어서 제철이 아니면 제 맛을 내기 어렵고 가격도 비싸게 된다. 그래서 이럴 때 필요한 것이 식재료의 원래 맛을 없애는 소위 '코팅'이다. '싸구려 식재료를 숨기는 악덕 마법사'(황교익, 『미각의 제국』), 곧 화학조미료가 필요한 것이다.

또 하나, 한 번 먹으면 그 맛을 잊을 수 없고 다시 찾게 해야 한다. 이때 필요한 것이 바로 매운맛이다. 매운맛은 중독성이 있다. 먹을 때는 눈물이 날 정도로 입이 얼얼하고 먹고 나서는 속이 쓰리고 마지막으로 대변을 볼 때까지 힘든 것이 매운맛이다. 그래도 다시 생각나 찾게 되는 것이 매운맛이다. 많은 프랜차이즈 음식이 매운맛으로 승부를 걸려고 하는 이유가 바로 여기에 있다.

매운맛을 먹으면 땀이 난다. 몸에 열을 내게 해준다는 말이다. 그래서 매운맛의 기는 뜨겁다고 한다. 몸을 덥혀주니까 추운 지역에서 매운맛을 좋아할 것 같지만 반대다. 고추의 원산지는 남아메리카의 아마존 강 유역일 뿐만 아니라 지금도 매운 고추는 대개 더운 지역에서 생산되고 있다. 왜 그럴까?

기라는 측면에서 보면 더운 곳 또는 더운 때는 열기도 있지만 습기도 많다. 원래 '열熱'에는 습기가 포함되어 있다. 습기가 없이 뜨겁기만 한 것은 '화火'라고 한다. 그래서 그런 곳에서는 이열치열하는 이치로 땀을 내서 몸으로 들어온 더운 기운과 습기를 밖으로 내보내야 한다. 이것이 더운 곳의 사람들이 매운맛을 즐기는 이유다.

늘 더운 지역에서는 이런 일이 계속되다 보니 땀구멍도 추운 지역에 비해 더 크고 잘 열리게 되어 있다. 비교적 더운 지역인 홍콩 같은 곳에서 온도가 영하로 내려가지 않았는데도 노숙을 하다 얼어 죽었다(정확하게는 저체온증으로 죽은 것이다)는 기사가 심심치 않게 나오는 것은 바로 이런 이유 때문이다. 한 마디로 찬 기운에 대해서는 별다른 면역이 없는 것이다.

또한 더울 때의 몸속은 밖에 비해 상대적으로 차갑다. 이를 한의학에서는 음기가 숨어 있다고 하여 '복음伏飮'이라고 한다. 그러므로 몸의 겉은 땀을 내서 더위나 습기를 몰아내야 하지만 몸속은 덥혀주어야 한다. 이런 필요에 가장 적절한 것이 바로 매운맛이다. 몸속은 덥혀주면서 땀을 내어 몸 겉의 더위와 습기를 몰아내는 것이다. 한의학에서 추위에 상한 병을 다룬 분야가 추운 북쪽이 아니라 더운 남쪽에서 발생한 것(『상한론傷寒論』)은 이런 사정 때문이었다.

　반면 추운 곳에서는 반대의 현상이 벌어진다. 추운 곳에서는 함부로 땀을 내서는 안 된다. 땀을 흘려 땀구멍이 열리면 몸 안의 열이 빠져나갈 뿐만 아니라 밖의 추운 기운이 들어오게 된다. 이럴 때는 오히려 몸 안을 약간 차게 하여 땀구멍을 막을 필요가 있다. 겨울에 냉면을 먹는 이유가 바로 여기에 있다. 그러므로 매운맛은 원래 더운 지역 또는 더울 때 먹으면 좋은 맛이다. 그래서 한의학에서는 "여름의 음식은 쓴맛을 줄이고 매운맛을 늘려야 한다"고 말한다.

　이렇게 보면 설렁탕을 먹을 때 여름에는 파를 많이 넣어 먹어야 좋고 겨울에는 파를 넣지 않거나 적게 먹는 것이 좋다. 냉면은 겨울에 먹는 것이 좋고 여름에는 먹지 않는 것이 좋다.

　매운맛은 여러 가지 효과가 있다. 첫째는 열을 내주는 것이다. 둘째는 열을 내서 땀을 나게 한다. 셋째는 식욕을 늘려준다. 넷째는

매운맛의 대명사 고추.
매운맛은 중독성이 있을 만큼 매력적인 맛이다.

몸에 진액을 생기게 한다. 매운 것을 먹으면 입에 침이 도는 것이 바로 매운맛의 효과다. 이외에도 돌림병을 막는 효과도 있다. 그래서 예로부터 정월에는 다섯 가지 매운맛이 나는 음식을 먹어서 전염병을 예방했다. 다섯 가지 음식이란 마늘, 파, 부추, 염교, 생강이다(『식의심경食醫心鏡』). 여기에 고추는 빠져 있다. 아직 고추가 중국에 들어오지 않았기 때문이다.

매운맛에는 스트레스를 풀어주는 효과가 있다. 소위 엔돌핀이라는 것의 생성을 촉진하기 때문이라고 한다. 이를 오행으로 말하자면 매운맛으로 금金의 기를 늘려서 간의 기를 억누르기 때문이다(금극목金克木). 특히 고추의 캡사이신은 관절염, 항암, 시력회복, 야맹증 등에도 효과가 있는 것으로 알려졌다. 체지방을 연소시키기 때문에 다이어트에도 효과가 있다. 그래서 미국이나 유럽 등지에서는 고추를 차로도 먹는다.

매운맛은 참으로 매력적이다. 한번 매운맛을 보고 나서도 그 맛을 잊지 못해 다시 찾게 된다. 매운 것을 먹으면 누구라도 조용히 있을 수 없다. 입김을 호호 불며 땀을 씻어내며 연신 물을 찾게 된다. 심하면 눈물을 흘리고 딸꾹질까지 한다. 그런 쩔쩔매는 모습을 보면서 웃음이 터져 나온다. 아마도 매운맛은 맛 자체보다 그 매운맛이 가져오는 이런 분위기 때문에 다시 찾는 것이 아닐까.

소금에 대해 함부로 말하지 말자

먹을거리에서 가장 논란이 많은 것 중의 하나가 소금일 것이다. 대부분의 사람들은 소금을 많이 먹으면 안 된다, 우리나라 사람은 소금을 너무 많이 먹는다는 식으로 알고 있다. 고혈압의 원인이라고도 하고 온갖 질병의 근원이라고도 한다.

그러나 다른 한편에서는 소금을 먹어야 한다고 말한다. 소금으로 건강해질 수 있다고도 한다. 나아가 소금으로 온갖 병을 고칠 수 있을 뿐만 아니라 생명의 근원을 지키는 유일한 방법이라고도 한다. 그래서 어떤 사람은 몸을 소금으로 절이라고도 말한다. 너무 혼란스럽다.

먼저 소금이 나쁘다는 이유를 살펴보자.

소금을 많이 먹으면 삼투압 현상으로 혈압이 올라가 고혈압이 된다. 나트륨이 여과기능을 막아 신장이 파괴된다. 인슐린이 부족해져 당뇨가 된다. 혈관을 좁혀 심장병을 일으킨다. 뇌를 자극하여 음식중독을 만들고 따라서 비만이 된다. 각막 부종으로 백내장이 된다. 콜라겐 흡수를 방해하여 피부 노화를 가져온다. 골다공증, 관절염 등은 물론이고 암도 유발된다(『소금의 덫』).

그러나 소금은 없어서는 안 되는 필수 영양소다. 특히 소금에 들어 있는 나트륨은 세포에 영양을 공급하고 쓰레기를 청소하며 수분대사를 유지하고 혈압도 조절하며 신경의 작용에도 작용하고 단백질의 소화에도 관여하며 뇌 세포의 활성화에도 필수적이다(『소금의 뒷』). 한 마디로 나트륨이 부족하면 살 수가 없다.

　　이런 논란을 떠나서 소금과 관련된 가장 간단한 의문이 있다. 소금이 그렇게 나쁘다면 왜 바닷물 속에서 사는 물고기에게는 그런 문제가 생기지 않는 것일까. 답은 간단하다. 바닷물고기는 많은 나트륨을 먹지만 더불어 칼륨과 같은 미네랄을 풍부하게 먹어서 먹은 만큼 나트륨이 빠져나가기 때문이다. 또한 여러 연구를 통해 소금과 고혈압 사이에는 별 관계가 없다는 것도 밝혀졌다. 실제 고혈압 환자의 소금 섭취량을 줄여도 혈압은 내려가지 않고 거꾸로 저혈압 환자의 소금 섭취량을 늘려도 혈압은 올라가지 않는다.

　　그럼에도 불구하고 왜 소금이 자꾸 문제가 되는 것일까.

　　그것은 우리가 먹고 있는 소금에 문제가 있기 때문이다. 우리가 일상적으로 먹는 소금은 사실 정제염(맛소금, 꽃소금)이다. 정제염은 소금이 아니다. 정제염에는 각종 '불순물'로 간주되는 미네랄이 제거된 99퍼센트의 염화나트륨을 말하는 것으로, 이를 소금으로 불러서는 안 되며 '나트륨'이라고 하는 것이 맞다.

　　소금에는 천일염과 암염巖鹽, 조염藻鹽, 정염井鹽, 정제염 등이 있다. 이중 가장 좋은 것은 천일염인데, 풍부한 미네랄이 장점이다. 그러나 여기에는 불순물이 들어 있어서 이를 어떻게 제거하는가가 문제다.

천일염은 다시 호염胡鹽(바닷물을 증발시켜 얻은 것. 청염淸鹽이라고도 하며 알이 거칠고 굵다), 소염燒鹽(호염을 볶은 것. 구운소금이라고도 한다), 천금天金(1,000℃ 이상으로 구운 소금) 등으로 나뉜다. 여기에 대나무나 쑥 등 여러 재료로 가공한 것까지 합하면 그 종류는 더욱 많다. 이중 비싼 것이 흠이지만 가장 좋은 것은 역시 천금이다. 그냥 천일염을 볶아서 쓰는 것도 좋다. 다만 볶을 때 나는 연기와 냄새는 독성이 있으므로 피해야 한다.

이런 소금이라면 입맛에 맞게 얼마든지 먹어도 좋다. 그리고 아직 과학적으로 증명된 것은 아니지만 여러 가지 치료 효과도 있을 것으로 보인다.

우리는 전통적으로 소금 자체를 많이 쓰지는 않았다. 상차림에도 간을 맞추기 위해 밥상 한가운데에 간장 종지를 놓았지 소금 그릇을 놓지 않았다. 우리 음식은 소금 자체보다는 간장이나 된장, 고추장, 여러 젓갈처럼 발효시킨 것으로 간을 맞추었다. 이렇게 발효된

바닷물을 가두어서 천일염을 생산하는 모습(곰소염전)

소금은 더욱 좋은 효과가 있다. 특히 된장은 콩의 단백질을 소화시키는 소금의 나트륨이 결합된 것이며 콩의 칼륨은 나트륨을 배출시키는 것이어서 된장은 가장 이상적인 완전한 식품이라고 할 수 있다.

문제는 거의 모든 가공식품에 들어가는 '소금'이다. 다시 말하지만 그것은 사실상 소금이 아니라 나트륨일 뿐이다. 음식이 사회화되면서 거의 모든 가공식품에는 소금이 아니라 나트륨이 들어간다. 아무리 피하려 해도 나트륨을 먹지 않을 수 없게 되어 있다. 거기에다 각종 장류까지 사회화되어 나트륨의 피해는 결정적인 것이 되었다. 특히 '된장'으로 알려진 가공식품은 사실상 된장이 아니다. 공장에서 만들어지는 된장의 대부분은 콩도 아닌 탈지대두(식용유로 기름을 빼고 남은 찌꺼기)를 인공 발효시키고 인공조미료와 색소와 보존료 등 각종 화학약품까지 첨가하여 일주일 만에 만들어낸다. 그것은 된장이 아니다. 바나나가 들어가지 않은 우유를 '바나나맛' 우유라고 하는 것처럼 이런 된장은 '된장맛' 쌈장 정도로 불러야 할 것이다. 간장 역시 마찬가지다. 소위 양조간장이라는 것은 간장이 아니다. 고추장도 더 말할 나위가 없다.

그러나 문제는 여기에서 그치지 않는다. 지금까지의 논의는 모두 자연과 분리되고 사회와 분리된 비현실적인 몸을 대상으로 한 이야기다.

한의학에서는 이렇게 말한다.

"여름에는 짠맛을 늘리고 단맛을 줄여서 콩팥의 기운을 도와야 한다."(『운급칠첨雲笈七籤』)

다시 말해서 무조건 짜게 먹거나 싱겁게 먹어야 하는 것이 아니라 계절에 따라 달리 먹어야 한다는 것이다. 또한 몸의 상태, 예를 들면 나이나 체질, 남녀, 걸린 병에 따라서도 달리 먹어야 한다고 말한다. 나아가 마음의 상태에 따라서도 달리 먹어야 한다고 말한다.

스트레스가 심할 때는 자신도 모르게 매운맛을 찾게 되는 경험을 해보았을 것이다. 이는 사회생활을 통해 얻은 긴장된 마음(기)을 매운맛으로 발산시켜 풀어내려는 것이다. 또한 같이 먹는 음식에 따라서도 달리 먹어야 한다. 우리 음식에는 밥과 반찬 혹은 국이나 찌개가 따로 있다. 이렇게 먹는 것과 나트륨을 잔뜩 친 스테이크 하나를 먹는 것에 우리 몸은 전혀 다르게 반응한다(스테이크와 감자를 같이 먹는 것은 감자에 나트륨을 배출하는 효과가 있기 때문이다). 그러므로 무조건 짜게 먹어야 한다든지 싱겁게 먹어야 한다든지 하는 말은 하나마나한 헛소리다.

그러면 어떻게 해야 제대로 잘 먹게 되는 것일까. 그 많은 연관과 상태를 일일이 다 알 수도 없는 것 아닌가. 더군다나 전문가도 아닌데 내 몸의 상태를 어떻게 알 수 있을 것인가.

답은 아주 간단하다. 적어도 우리가 100년 이상 먹어온 음식을, 지금까지의 방식대로, 때에 맞춰 먹으면 된다. 또한 내 입맛이 이끄는 대로 먹으면 된다. 다만 입맛에 따라 먹기 위해서는 어느 하나의 맛에 치우치지 않는 '맛에서의 허무한 상태'를 지켜야 한다. 그것뿐이다.

듣기만 해도 침이 고이는 신맛

다른 사람이 '시다'고 하는 말만 들어도, 레몬 같은 과일을 떠올리기만 해도 내 입에서는 침이 고인다. 그만큼 신맛은 강렬하다. 『삼국지』에도 조조의 군사가 갈증에 시달리자 먼발치의 매화밭을 떠올리게 하여 위기를 넘긴 이야기가 나온다(망매해갈望梅解渴). 매화의 열매인 매실의 신맛을 이용한 것이다.

신맛은 대개 아이들이 좋아한다. 시큼한 과일도 잘 먹고 과자에도 아예 시다는 말이 직접 들어간 것이 있다. 아이들은 소름이 돋을 정도로 신 그 맛에 눈을 찡그리면서도 좋아한다. 그러나 신맛은 강렬한 만큼 싫어하는 사람도 많다. 대개 나이가 들수록 신맛을 싫어한다. 젊어서는 잘 먹다가도 나이가 들면 점점 멀리한다.

그런데 나이가 많이 들지 않았는데도 유별나게 신맛을 찾는 경우가 있다. 바로 임신 초기다. 판소리 '춘향가'에는 이도령과 춘향의 사랑가 중 "시금털털 개살구, 작은 이도령 서는데 먹으랴느냐" 하는 대목이 나온다. 이제 자기의 아이가 들어설 것이니 신맛을 먹지 않겠는지 묻고 있다. 첫 만남인데 어린 도령이 하는 말치고는 너무 엉큼하다.

임신과 관계없이 유난히 신맛을 즐기는 사람도 있다. 몸에 좋다고 매일 먹고 마시는 사람도 있다. 또 사실인지 확인할 수는 없었지만, 어렸을 때 동네에 서커스단이 왔다 가면 도대체 사람이 어떻게 몸을 그렇게 구부릴 수 있는지 신기해하면서, 그 사람들은 매일 식초를 마신다는 말을 듣곤 했다. 나도 식초를 매일 먹으면 그렇게 될 수 있는지 참으로 궁금했다.

그런데 이와 같이 신맛을 둘러싸고 벌어지는 복잡한 사태의 원인과 진실은 무엇일까.

식초는 술에서 만들어지므로 식초의 기원은 술을 만드는 곳에서 시작되었다고 볼 수 있다. 동아시아의 여러 나라 중 고구려는 특히 술을 즐겨 빚어 먹었다. 그런 점에서 고구려에서 식초가 널리 퍼졌을 가능성이 크다. 문헌상으로 식초는 『제민요술齊民要術』(6세기 전반)에 처음 나오는데, 이 책은 선비족鮮卑族이 세운 북위北魏에서 간행된 것이다. 모두 동북아의 민족이다. 한족의 서적으로는 후한後漢(947~950) 때의 『석명釋名』에 처음 나온다.

식초는 처음에는 약용으로 많이 쓰였다. 이런 전통은 지금까지 이어져 오고 있다. 그러다가 고려시대에는 음식에 식초가 이용되었다는 기록이 있다. 조선의 세종대왕 때에는 식초의 제조법이 민간에도 널리 알려져 고주苦酒, 순초淳酢, 혜醯, 미초米醋 등으로 불렀다. 이에 따라 민간에서는 길일을 택하여 술을 빚은 다음 옹기로 된 초두루미라는 그릇에 넣고 부뚜막 위에서 발효시켰다. 식초를 만들고 보관하는 전용 용기가 생긴 셈이다. 이를 반영하듯 『이조실록』 등의 자료를 보면 일상생활에 소요되는 생선이나 고기, 생강, 마늘 등과 더불어 식초는 항상 빠지지 않았다.

식초의 효능은 많지만, 정리하면 다음과 같다. 1) 원기元氣를 길러준다. 식초의 유기산은 에너지 생산을 활발하게 한다. 2) 피로물질인 젖산을 분해해 피로해소에 도움을 준다. 3) 몸속에 쌓인 각

초두루미 식초병(국립민속박물관)

종 유해물질을 없애는 데 도움이 된다. 간 기능이 약하거나 손상된 사람이 식초를 먹으면 좋다. 술을 마실 때 식초가 들어간 안주를 먹으면 간에 무리가 덜 가고 숙취를 예방할 수 있다. 4) 다이어트에 효과적이다. 5) 신진대사를 활발하게 한다. 몸속의 노폐물을 배출하고 지방분해를 촉진시킨다. 6) 고혈압과 고지혈증의 완화에 도움이 된다. 7) 식초는 산성이지만 몸속에 들어가면 알칼리성으로 작용하기 때문에 산을 중화시키고 혈액과 체액의 피에이치pH를 안정된 상태로 유지한다. 8) 장 기능을 좋게 한다. 장안의 대장균을 비롯한 유해 세균을 죽여 변비를 예방하고, 장 환경을 개선해 치질 등에 효과적이다(『내 몸을 살리는 천연식초』). 물론 여기에서 말하는 식초는 천연식초다. 이외에도 당뇨와 골다공증을 예방하고 불면증에도 좋다고 한다.

이것만이 아니다. 일상생활에서 식초의 응용 범위는 그야말로 무한대다. 채소 등을 데칠 때 넣으면 부드러워지고 생선을 씻을 때

식초를 넣으면 비린내가 나지 않는다. 고기에 넣으면 고기가 부드러워진다. 손이나 도마에 냄새가 밴 것을 없앤다. 달걀을 삶을 때 몇 방울 넣으면 잘 깨지지 않는다. 목욕이나 세수, 세발 때 사용하면 피부를 매끈하게 한다. 청소나 세탁에 사용하면 윤기도 나고 세탁물이 부드러워진다. 외상이나 치질 등에 사용하면 열이 내리고 통증이 많이 완화된다.

피부노화와 주름 방지 효과가 있다. 여드름이나 주근깨, 거친 피부에도 효과가 있다. 은수저 색이 변했을 때 소금을 식초에 묻혀 닦으면 깨끗해진다. 오이의 쓴맛을 없애려면 식초 몇 방울 떨어뜨린 물에 담가둔다. 야채나 과일을 씻을 때도 좋다. 타서 새까맣게 그을린 냄비에 물을 담아 식초를 대여섯 방울 떨어뜨린 다음 은근한 불로 2-30분 정도 끓이면 쉽게 벗겨진다. 단 환기는 확실하게 할 것.

식초는 그 살균력 때문에 동서양을 막론하고 아주 오래전부터 약으로 썼다. 히포크라테스도 상처나 수술 뒤에 식초를 활용했다고 한다.

한의학에서 볼 때 식초는 따뜻한 성질을 갖고 있다. 해독은 물론 죽은피를 없애고 지혈하는 효과가 있으며 기의 소통을 원활하게 하고 통증을 그치게 한다. 또 소변을 잘 보게 하는 효과도 있다. 맛이나 냄새를 바로 잡을 때도 쓴다. 앞에서 비린내나 곰팡이 냄새 등을 없애는 효과가 바로 그것이다. 약을 식초로 볶기도 하는데 이는 식초가 좋은 유기용매가 되어 약효를 높여주고 있을 수 있는 약의 독성을 없애주기 때문이다.

일반적으로 식초는 기침을 멎게 하고 정精이 흘러나오는 것을 막아주며 소변을 지리는 것도 막아주며 설사를 막아준다. 식은땀이 나는 것도 막아준다. 한 마디로 수렴시키는 힘이 강하다. 물론 침과 같은 진액을 생기게 하는 효과도 있다.

그러나 무엇이든 지나치면 안 된다. 무엇보다 신맛을 지나치게 먹으면 비위가 상하게 된다. 그러면 속이 쓰리거나 소화가 안 되며 피부 주름이 더 늘어날 수 있다. 또한 신맛을 너무 먹으면 근육이 떨리고 경련이 일게 된다. 그래서 근육에 병이 있을 때는 신맛을 줄여야 한다. 또한 계절에 따라서도 먹는 것이 다르다.

봄의 시작부터 72일 동안에는 신맛을 줄이고 단맛을 늘여서 비脾의 기운을 기른다. 여름의 시작부터 72일 동안은 쓴맛을 줄이고 신맛을 늘려서 폐의 기운을 기른다(『천금방千金方』). 가을에는 신맛을 늘리고 매운맛을 줄여서 간의 기운을 길러야 한다. 너무 많이 먹지 않도록 한다. 너무 많이 먹으면 기가 막히는 병에 걸리게 된다(『운급칠첨雲笈七籤』). 여기에서 '기가 막히는 병'은 대표적으로 소변이 갑자기 나오지 않는 것을 말한다. 너무 먹으면 손발에 땀이 나지 않기도 한다. 누가 어디에 좋다더라, 누가 효과를 봤다더라 하는 말은 별로 믿을 것이 못 된다. 마치 방송에 떠도는 맛집이라는 유령처럼.

제 2 장

먹기 위해
살아야 한다

음식도 독이 된다

원래 '약藥'이라는 말은 '독毒'이라고 썼다. 그런데 '식약동원食藥同源'이라는 말도 있다. 이 말대로 하면, 음식이나 독의 근원이 같다는 말이 된다. 그렇다면 몸에 해가 되는 것과 몸에 이로운 것의 근원이 같다는 말이다. 이렇게 봐서는 언뜻 이해하기 어렵다. 이 말의 뜻을 정확하게 알기 위해서는 먼저 약이 무엇인지 알아볼 필요가 있다.

고대의 문헌을 보면 약이라는 말보다 독이라는 말이 먼저 나온다. 원래 독이라는 말에도 병을 고친다는 뜻이 있다.

그런데 여기에서 '독'이라는 말은 우리가 흔히 생각하듯 먹으면 곧바로 사람을 죽이는 독약이라는 의미는 아니다. 우리가 어떤 사람을 보고 "참 독하다"라고 할 때처럼 심하다, 지나치다, 세다는 뜻이다. 조선시대에 쓰인 사약에 부자附子가 들어가는데, 부자는 매우 뜨거운 약이다. 뜨거운 기운이 센 약이다. 이는 곧 부자를 먹으면 몸이 뜨거워진다는 뜻이다. 몸이 뜨거워질 뿐이지 부자를 먹고 바로 죽지는 않는다. 그렇기 때문에 사약을 먹이고 뜨거운 온돌방에 가두었던 것이다. 그러면 무엇이 센 것일까. 센 것은 기가 세다는 말이다. 그러면 기는 무엇인가.

기는 어떤 사물이 다른 사물과 관계를 가지면서 다른 사물에 미치는 힘을 말한 것이다. 그러므로 독한 것은 그런 힘이 크다는 말이다. 이렇게 다른 사물에 미치는 힘을 음식이나 약을 두고 말할 때 한의학에서는 '기미氣味'라는 말을 쓴다. 기미를 다시 나누면 열이라는 측면에서는 '기'라는 말을 쓰고(여기에서의 기는 좁은 의미에서의 기이다) 맛이라는 측면에서는 '미'라는 말을 쓴다.

기에는 한열온량寒熱溫凉이 있다. 차고 서늘하고 따뜻하고 더운 것이다. 맛에는 산고감신함酸苦甘辛鹹이 있다. 시고 쓰고 달고 맵고 짠맛이다.

차다, 덥다는 말은 그 음식 자체가 차거나 덥다는 말이 아니다. 물리적 온도가 아니다. 다른 사물과 관계를 가질 때 그 사물을 차게 하거나 덥게 하는 힘, 곧 그 사물의 기를 말한 것이다. 그래서 차게 하는 성질이 있으면 한기寒氣라고 하고 덥게 하면 온기溫氣라고 한다. 따뜻한 것이 더 심해지면 열기熱氣가 된다. 덥지도 차지도 않은 것은 평平하다고 한다. 어느 한쪽으로 치우치지 않았다는 뜻이다. 물론 음식의 물리적 온도도 중요하다. 찬 음식을 차게 먹으면 그 기는 더 차게 되고 찬 음식을 덥게 먹으면 찬 기운이 줄어든다.

맛도 마찬가지다. 어떤 음식 자체가 달거나 쓰거나 할 수 있지만 더 중요한 것은 그 음식이 관계 맺고 있는 다른 사물에게 어떤 영향을 주느냐에 따라 맛을 구분한다.

음식이나 약이나 모두 기미를 갖고 있다. 이중에서 그 기미가 그렇게 세지 않아서 늘 먹어도 몸에 큰 부작용이 없는 것을 음식이라고 하고 기미가 한쪽으로 치우친 것을 약이라고 한다. 모두 같은 기이기 때문에 음식과 약의 근원이 같다고 한 것이다.

기미가 한쪽으로 치우친 것을 늘, 자주 먹으면 몸의 음양의 균형이 깨진다. 예를 들어 찬 음식을 계속 먹으면 몸이 차게 된다. 그러므로 음식으로 적당하지 않다.

반면 약은 기미가 치우쳐야 한다. 음식을 잘못 먹어서, 또는 외부의 나쁜 기운(이를테면 찬 기운)이 들어와 몸의 음양의 균형이 깨졌을 때는 기미가 약한 음식으로는 모자란다. 이럴 때는 좀 더 한쪽으로 많이 치우친 약(이를테면 더운 기를 갖고 있는 약), 기가 센 약을 써서 깨진 균형을 맞춰줘야 한다. 그러나 음식이나 약이나 모두 기라는 점에서는 똑같다. 그래서 음식을 요리하는 것이나 약을 짓는 것도 똑같다.

대부분의 음식은 열을 가해 먹는다. 음식에 열을 가하면 그 음식이 본래 갖고 있던 기보다 더워진다. 그런데 물로 익히면 물의 찬 성질 때문에 더운 기가 조금만 더해진다. 직접 불에 굽게 되면 불의 열기가 곧바로 음식에 들어가 더 덥게 된다. 튀기면 열기가 아주 많아지게 된다. 그래서 찬 음식인 돼지고기는 잘 익혀야 찬 기운이 줄어든다. 반면 닭고기는 더운 음식이다. 닭고기를 삶으면 물의 찬 기운과 더하여 더운 기가 좀 줄어드는 반면 튀기면 더운 기가 아주 많아진다. 약도 마찬가지다. 너무 찬 약은 그 부작용을 줄이기 위해 볶거나 굽고 술에 축여 볶기도 한다.

음식은 보통 한 가지만 먹지 않고 다른 음식과 함께 섞어서 요리를 한다. 약도 마찬가지다. 하나의 약만 쓸 때도 있지만 대부분 여러 약을 섞어서 쓴다. 이렇게 여러 음식 또는 약을 섞을 때는 몇 가지 원칙이 있다.

첫째는 주재료가 되는 어떤 음식이나 약의 기를 더 높이기 위해 보조하는 재료를 쓴다. 그래서 주재료의 기를 최대한 발휘할 수 있게 하는 것이다. 그러나 무조건 기가 세다고 좋은 것은 아니다. 그래서 그 기를 제어할 수 있는, 반대되는 기를 갖는 음식이나 약을 조금 넣는다. 예를 들어 냉면의 메밀은 찬 음식인데 메밀의 찬 기운으로 부작용이 생길까 하여 겨자와 같이 더운 재료를 조금 넣는다. 차가운 메밀국수에 파를 넣는 것도 마찬가지 이치다.

음식이나 약을 써는 것도 마찬가지다. 깍둑썰기를 하는 것보다 어슷썰기를 하면 재료의 기가 더 많이 우러나온다. 어떤 것은 다지기도 하고 어떤 것은 채썰기도 하고 곱게 가루내기도 한다. 약도 마찬가지다. 그냥 다 같은 풀뿌리처럼 보이지만 하나하나 써는 방법이 다르다.

또한 말려 먹는 것과 날로 먹는 것이 다르다. 말리면 기가 더 세게 된다. 물오징어와 마른오징어를 생각해보면 될 것이다. 나물도 날로 먹는 것보다 말렸다가 먹으면 기가 더 세게 된다. 그래서 날로 먹으면 도라지라는 음식이 되지만 말려 쓰면 길경桔梗이라는 약이 된다. 율무도 날로 먹으면 곡식이지만 말려 쓰면 의이인薏苡仁이라는 약이 된다.

이런 의미에서 의식동원醫食同源이라는 말이 나온 것이다. 음식이나 약이나 모두 같은 기이기 때문에 근원이 같다는 말이다. 우리의 전통적인 한식은 이와 같이 모두 한의학적인 사고방식에 따라 만들어졌다. 그것을 오랜 세월을 두고 먹어보면서 몸의 반응을 보고 이렇게 저렇게 변화시켜왔다. 그래서 완성된 것이 오늘날 우리가 먹는 한식이다.

물론 그렇다고 전통적인 음식만 한식이라는 뜻은 아니다. 앞으로도 더 많은 한식이 개발될 것이고 또 변해갈 것이다.

그렇지만 모든 약은 독이듯 음식도 잘못 먹으면 독이다. 다만 약은 기가 세므로 부작용이 금방 나타나지만 음식은 기가 약해서 오래 먹어야 부작용이 나타난다. 그 대신 오랜 기간 동안 쌓였기 때문에 부작용도 더 오래 간다. 가랑비에 속옷이 젖는 것과 같다.

그럼에도 사람들은 혀에서의 쾌감을 위해 잘못된 습관을 버리려 하지 않는다. 지금까지 괜찮았으니 문제없다, 그냥 먹고 죽지, 가끔은 이런 것도 먹어줘야지 등의 말을 하면서. 약만 독이 아니다. 음식도 독이 된다.

꼭 신토불이여야 하는가

'신토불이身土不二'라는 말은 남송南宋의 승려인 지원智圓의 『유마경략소수유기維摩經略疏垂裕記』라는 책에서 처음 나왔다. 여기에서 '신身'이란 몸을 뜻하는 것이 아니라 내가 해온 행위의 결과라는 뜻이고 '토土'는 그런 행위가 일어나는 환경, 조건을 말한다. 이 둘은 떨어지지 않는다, 한 마디로 인간은 환경의 동물이라는 말일 것이다.

그런데 1907년 일본 육군의 약제감藥劑監 이시즈카 사겐石塚左玄은, 이 말을 19세기 말부터 밀려들어오는 미국 밀가루에 대항하여 밀가루 망국론을 펼치면서 현미와 채식을 기본으로 한 식단을 내세운 식생활 운동을 전개하며 그 뜻을 바꿔 사용하였다. 당시 조선 땅에서 쌀을 비롯한 각종 농작물을 대량으로 수탈해가던 일제의 행태를 생각해보면 신토불이는 오직 미국에 반대하기 위한 것이었음을 알 수 있다.

그 후 1912년 일본 식양회食養會 이사로 육군 기병 대위였던 니시하다 마나부西端學가 일본 본토에서 생산된 제철 음식과 전통식품이 몸에 좋다는 뜻으로 사용하였고, 이후 유기농, 자연식품, 생활협동조합, 대체의학 등의 세력과 결합하여 일반화된 것으로 알려져 있다.

우리나라에서는 이 말을 1989년, 우루과이라운드 협상 타결이 임박했을 때 농협중앙회에서 우리 농산물 애용운동을 대대적으로 벌이면서 다시 갖다 썼다. 이을호 선생은 신토불이 생명론을 내세우며 신토불이 운동의 선구가 되었다.

확실히 신토불이는 맞는 말이기도 하고 필요한 말이기도 하다. 왜냐하면 기본적으로는 그 사람이 사는 곳에는 그 사람에게 필요한 기가 생겨나기 때문이다. 그러므로 신토불이를 해야 가장 신선하면서도 자기 몸에 맞는 음식을 먹을 수 있다. 그러나 무조건 신토불이가 좋은 것만은 아니다. 왜 그러한가.

『황제내경』에는 '같은 병을 치료하는 데도 그 방법이 다른 이유는 그 사람이 사는 땅의 차이에서 온다'는 말이 있다.

예를 들어 동쪽에 사는 사람은 물고기와 짠 음식을 많이 먹어 피부가 검고 거칠며 종기 같은 병이 잘 걸리므로 병든 곳을 째는 침의 일종인 폄석砭石으로 치료해야 한다고 하였다. 서쪽에 사는 사람은 바람이 많이 부는 모래땅에서 산다. 물이나 땅이나 모두 척박하다. 옷도 거칠다. 그러나 먹는 것은 늘 고기와 같은 기름진 것을 먹는다. 그래서 몸이 단단하여 병은 밖에서가 아니라 속에서 생긴다. 이럴 때는 기가 치우친 독한 약을 써서 치료해야 한다.

남쪽은 양기가 넘치는 곳이다. 땅은 낮고 물이 흐르며 땅은 무르다. 안개와 습기가 많다. 남쪽에 사는 사람들은 신 걸 잘 먹고 썩은 것(발효된 것)을 잘 먹는다. 그래서 피부는 치밀하고 붉다. 이런 사람들은 뼈에 병이 생기며 근육에 경련이 잘 인다. 이럴 때는 가는 침을 써서 치료해야 한다.

북쪽에 사는 사람은 지대가 높고 추위와 바람이 세며 늘 거친 야외에서 지내므로 찬 기운으로 인한 병이 많아 뜸을 써야 한다고 말한다.

이 말에서 알 수 있는 것은 첫째로 지역적인 차이 때문에 같은 병이 걸려도 병든 원인과 그 사람의 체질, 몸 상태가 다르므로 치료하는 방법도 달라져야 한다는 것과 그 지역에서 나는 것이 모두 거기 사는 사람에게 좋은 것만은 아니라는 점이다. 지역에 따라 기가 치우쳐 있기 때문에 거기에서 생산된 것의 기 역시 치우쳐 있을 수밖에 없다. 그러면 지역적으로 중앙과 같이 치우치지 않은 곳에서는 상관없지 않을까?

마찬가지다. 중앙은 땅이 높지도 낮지도 않고 습하여 다양한 먹을거리가 난다. 그러니 자연히 먹는 것도 잡스럽게 되고 먹을 것이 풍부하니 일을 많이 하지 않는다. 늘어지는 병이 잘 걸린다. 이때는 도인導引이나 안마로 치료한다.

우리나라는 덥고 추운 사계절의 기가 고루 돌아간다. 산간지역을 제외하면 평평한 땅이 적지 않고 토질도 좋은 편에 속한다. 바다도 끼고 있다. 물도 절로 난다. 세계 어디에도 없을 만큼 좋은 조건을 갖추고 있다. 그런 땅에서 나는 것이니 그 음식의 기도 좋고 먹으면 내 몸에도 좋을 것이다(물론 지금은 공해가 엄청나고 고속도로 등 무차별적인 도로의 개설로 땅이 망가지고 4대강 등으로 물도 망가져가고 있지만).

그러나 설혹 그렇다 하더라도 병이 나면 때로 그 땅에서 나지 않는 기가 필요하게 된다. 우리나라에서 나지 않는 계피나 감초가 대표적인 예다(감초는 북녘에서 일부 생산되지만 대부분 중국에서 수입하고 있다).

그런 약이 없으면 치료가 불가능할 때가 많다. 약은 치우친 기를 이용하는 것이다. 그 지역에서 그렇게 치우친 기를 갖는 약이 나지 않으면 당연히 수입해야 한다. 그래야 병을 치료할 수 있다.

우리나라같이 기가 치우치지 않은 곳은 특히 그 지역에서 나는 음식을 먹는 것이 좋다. 기가 치우친 지역, 예를 들어 북방의 유목민족이 사는 곳에서는 어쩔 수 없이 다른 지역의 기, 곧 쌀이나 밀과 같은 곡식의 기를 먹어야 한다. 이것이 역사상 유목민족이 끊임없이 농경민족을 침략했던 이유다.

이렇게 보면 신토불이라는 말은 매우 제한적으로 쓰여야 함을 알 수 있다. 신토불이라는 논리를 극단적으로 밀고 나가면 다른 민족이나 국가도 자기 땅에서 난 것만 먹어야 하므로 우리 농산물을 수출하려는 생각은 꿈도 꾸지 말아야 한다. 지역적인 기의 치우침으로, 치우친 음식밖에 먹을 것이 없는 사람들에게 다른 지역의 음식

1989년 서울 농협중앙회에서 내건 身土不二는
당시 농산물 수입개방과 맞물려 국민들의 큰 호응을 얻었다.

을 주어서는 안 된다는 말도 성립한다. 외국에 대한 식량 원조는 사람이 해서는 안 되는 몹쓸 짓이 된다.

그러나 역시 무분별하게 들어오는 외국의 각종 음식은 문제가 많다. 여기에서는 각종 첨가물, 농약이나 유전자조작 등의 문제는 논외로 하지만, 그런 문제가 전혀 없다고 해도 과연 그런 채소나 고기가 어떤 기를 갖고 있는지 아직 검증이 되지 않았다는 문제가 남아 있다. 어떤 기를 갖고 있는지 알아도 그 음식과 다른 음식과의 관계가 검증되지 않았다. 요리를 해먹을 방법이 없는 것이다. 또한 우리 체질과의 관계도 검증되지 않았다.

이렇게 보면 지금 이름도 외우기 힘든 외국의 각종 채소나 과일을 즐겨 먹는 사람, 수입 식품을 즐겨 먹는 사람은 몸소 임상시험을 하고 있는 셈이라고 할 수 있다. 그래서 이렇게 임상시험을 거쳐 100년쯤 지나면 우리는 비로소 그 음식의 기를 알게 되고 다른 음식과의 관계도 알게 되고 우리 체질과의 관계도 알게 될 것이다. 그럴 때 외국의 음식은 우리 땅에 우리 음식으로 정착될 것이다. 음식은 그렇게 어려운 길을 거쳐야 비로소 얻을 수 있는 것이다.

밥이 입으로 들어가는지 코로 들어가는지

우리가 먹는 것을 음식飮食이라고 하는데, '음'은 음양으로 보면 음에 해당하며 마실 것을 말한다. '식'은 양에 해당하며 씹어 먹는 것을 말한다. 그래서 음과 식, 곧 음식을 먹는 것은 음양의 기를 동시에 먹는다는 말이 된다. 우리가 일상적으로 먹는 밥과 국이 대표적인 '음식'이다.

그러나 외국에서는 이런 음식이 흔치 않다. 중국은 주식과 부식을 구분하지만 엄밀하지 않고 무엇보다도 밥과 반찬, 국 또는 찌개라는 식으로 먹지 않는다. 일본은 밥과 반찬이 있고 국이 있지만 음식을 먹을 때 대부분 젓가락을 쓰는 데에서 알 수 있듯이 우리만큼 주요한 음식은 아니다.

우리는 회를 먹을 때도 뜨끈한 매운탕이 없으면 아쉽지만 일본에서는 회를 먹을 때 대개 회만 먹는다. 이외에 추운 지역에 사는 사람들은 뜨거운 국물을 먹지만 반드시 밥과 같이 먹는 것은 아니다.

그런데 어떤 사람은 우리나라 음식에는 국이나 찌개가 딸려야 하므로 요리하는 데는 반드시 물과 불이 있어야 하며 조리기구만이 아니라 많은 시간과 공간도 필요하다고 한다. 그래서 국이나 찌개를 끓일 큰 그릇이 있어야 하므로 전쟁과 같은 상황에서는 절대적으로 불리한 조건이라고도 한다. 그럴 수도 있겠다.

그러나 음양의 조화를 맞춘다는 것은 단순히 이론적인 이유 때문은 아니다. 음식과 마찬가지로 우리 몸도 음양으로 되어 있으므로 음식에서 음양의 조화를 맞추는 것은 몸의 건강을 위한 기본이기 때문이다. 그리고 전쟁을 없애기 위해 음식을 먹는 것이지 전쟁을 하기 위해 음식을 버릴 일은 아니다.

그런데 국물을 먹는 데도 사람에 따라 달리 먹는다. 어떤 사람은 건더기는 손도 대지 않고 말 그대로 국물만 조금씩 떠먹는다(마른 사람들이 대개 이렇게 먹는다). 어떤 사람은 무조건 국물에 밥을 말아 들이키듯 먹는다(살찐 사람들이 대개 이렇게 먹는다). 우리에게도 국밥이라는 전통이 있지만 이는 길을 가다 바삐 먹는 밥이었다. 보통 국과 밥은 따로 먹었다. 밥과 국을 먹는 좋은 방법은 밥과 국을 따로 먹되 건더기까지 다 먹는 것이다. 밥을 말게 되면 가능하면 천천히 먹도록 한다.

너무 당연해서 별생각 없이 늘 먹고 있지만 그렇게 간단치만은 않은 것이 음식이기 때문에 음과 식이 무엇인지 하나씩 따져보기로 하자.

먼저 음식은 마시거나 씹어서 넘길 수 있어야 한다. 너무 질기거나 딱딱한 것은 먹을 수가 없다. 물론 크기가 작으면 그냥 넘길 수도 있다. 그러나 이런 경우에는 음식의 맛을 즐길 수가 없다. 약이라면 모르지만 일반적으로 이런 것은 음식으로 치지 않는다.

반면 너무 부드러워 씹지도 않고 그냥 넘길 정도의 것만 먹으면 음식이 아니라 음만 먹는 셈이 된다. 식도 같이 먹어야 한다. 적당히 씹을 거리가 있어야 한다. 그러므로 이유식을 하거나 어린아이에게 너무 부드러운 음식만 주는 것은 옳지 않다.

또한 음식은 먹어서 몸에 좋은 효과를 가져와야 한다. 먹고 탈이 나거나 식중독처럼 부작용이 나면 안 된다. 그리고 단지 그때 좋을 뿐만 아니라 오랜 세월을 두고 먹어도 좋아야 한다. 오래 먹어서 나쁜 것은 글루탐산나트륨MSG, 아스파탐 같은 것이 대표적인 것이다. 아니 거의 모든 식품 첨가물이 그러하다(『죽음을 부르는 맛의 유혹』).

마지막으로 음식은 먹고 나서 잘 빠져나가야 한다. "똥구멍이 찢어지게 가난하다"는 말은 너무 가난해서 제대로 된 음식을 못 먹고 나무껍질 같은 것을 먹을 수밖에 없어서 나온 말이다. 거친 것만이 문제가 아니다. 너무 부드러운 것도 잘 빠져나가지 않는다. 기름진 음식이 대부분 그러하다. 그런 것은 제대로 된 음식이 아니다.

그런데 음식을 대충 먹는 사람이든 요모조모 따져 먹는 사람이

국과 밥은 따로 먹는 게 좋다.
부득이 밥을 말아서 먹을 때는 천천히 먹는 것이 건강에 좋다.

든, 중환자실 같은 상황을 제외하면 아무리 정신이 없어도 밥을 코로 먹지는 않는다. 어떻게 해서든 입으로 밥을 먹는다. 그런데도 이런 말이 나오는 것을 보면 사람들이 밥은 입으로 넘겨야 한다는 걸 아주 중요하게 생각하고 있음을 알 수 있다. 그러나 다른 한편으로는 정작 입으로 들어간 다음에 대해서는 별로 생각하지 않는 것 같다. 음과 식을 제대로 먹는 것도 중요하지만 그 음식이 우리 몸에서 어떻게 작용하는지도 알 필요가 있다. 그래야 모자란 부분은 더하고 넘치는 부분은 줄이면서 음식을 먹을 수 있다.

한의학에서는 모든 음식이 각기 들어가는 곳이 있다고 말한다. 이는 서로 다른 음식의 기가 우리 몸의 여기저기에 어떻게 작용하는지를 말하는 것이다. 그래서 근대 서양과학의 관점에서 보면 어떤 고기든 단백질이나 지방 등의 구성이 약간 다를 뿐이지만 한의학에서는 어떤 고기인가에 따라 몸의 다른 부위에 작용한다고 본다. 예를 들어 쇠고기나 돼지고기는 모두 비위脾胃에 작용하지만 돼지고기는 콩팥에도 작용한다고 본다. 콩팥의 기를 세게 해주는 힘이 있다고 보는 것이다. 이렇게 어떤 음식이 우리 몸의 어떤 부위에 작용하는가를 설명하는 것이 바로 귀경歸經이다.

'귀경'은 경락으로 돌아간다는 말이다. 우리 몸을 하나의 기로 보되 간이나 심장 등의 오장육부를 나누어 각각의 기를 구분하여 간을 중심으로 흐르는 기를 간경肝經의 기라고 부르고, 심장을 중심으로 흐르는 기를 심경心經의 기라라고 부른다. 그리고 그런 기가 흐르는 길을 간경, 심경이라고 한다. 나머지도 마찬가지다. 그러니까 어떤 음식이 신장腎臟에 작용하면 그 음식의 귀경은 신경腎經이 되고 폐에 작용하면 폐경肺經이 된다.

예를 들어 도라지를 먹으면 기침이나 가래가 있을 때 좋다고 한다. 이는 도라지가 폐경으로 들어가기 때문이다. 근대 서양과학은 이를 도라지의 특정 성분의 작용으로 말하지만 한의학에서는 도라지의 기의 작용으로 말한 것이다. 이렇게 거의 모든 음식에 대해 한의학에서는 그 음식의 기미와 더불어 귀경을 밝혀놓았다.

만일 어느 특정 장부의 기만 커지거나 적게 되면 병이 생긴다. 모자란 것[허虛]도 병이지만 넘치는 것[실實]도 병이다. 그래서 어느 하나의 음식만 먹게 되면 그 음식의 귀경에 따라 특정 장부의 기가 치우치게 된다.

그런데 똑같은 경락에 들어간다고 해도 차고 더운 차이가 있으며 보해주느냐[보補] 깎아내리느냐[사瀉]의 차이가 있다. 오르고 내리는 차이[승강부침升降浮沈]도 있다. 체질에 따른 차이도 있다.

이렇게 말하면 너무 복잡할지도 모르겠다. 그리고 그렇게 따지며 먹기보다는 차라리 그냥 내키는 대로 먹고 죽겠다고 할지도 모르겠다. 그래서 나는 늘 이렇게 말한다. 그냥 전통을 따르라고. 그러면 모든 것이 해결된다고. 나아가 한 마디 덧붙인다. 하나의 생명을 온전히 기르는 일이 그렇게 쉬운 일만은 아니라고. 어떤 생명이든 모두 하나의 우주인데, 우주를 기르는 일이 그렇게 쉬울 수만은 없을 거라고.

철이 들려면 음양을 알아야 한다

나이가 들어감에 따라 입맛도 변한다. 특히 사춘기를 지나면서 많이 변한다. 사춘기는 몸과 마음이 어른으로 변하는 때이기도 하지만 입맛도 아이들 입맛에서 어른 입맛으로 변하는 때이기도 하다. 이상하다고 잘 먹지 않던 것도 먹게 되고 보다 다양한 맛을 즐기려 한다. 얼큰한 매운탕이나 느끼한 곱창과 같이 어른들이 즐겨 먹는 음식을 찾기 시작한다. 그런데 이런 변화는 왜 생기는 것일까?

사람을 계절에 비유하자면 어린이는 봄에 해당하고 청년은 여름에 해당한다. 봄이 되어 싹이 돋아날 때는 살랑살랑 부는 봄바람이 필요하고 촉촉한 봄비가 필요하다. 그러나 여름에는 뜨거운 태양과 장마 정도의 비가 필요하다. 가을이 되면 곡식을 익히는 선선한 바람이 필요하고 겨울이 되면 모든 것을 갈무리하는 추위가 필요하다. 때에 따라 필요한 것이 달라진다. 한 마디로 음양이 서로 갈마들어야 결실을 맺는다.

사람도 마찬가지다. 때에 따라 먹어야 하는 음식이 달라진다. 어릴 때는 위를 상하게 하지 않는 부드럽고 자극이 적으며 몸을 자라나게 하는 음식이 필요하지만 청년이 되기 위해서는 거칠고 강한 자극도 필요하다. 몸을 강하게 만드는 음식이 필요하다. 이런 변화에 맞춰 자기에게 필요한 음식을 찾게 되는 것이 입맛의 변화로 나타난 것이다. 그럼으로써 자기에게 필요한 것을 채운다. 종족 번식을 위해 누가 가르치지 않아도 남녀 간 음양의 이치를 알게 되는 것처럼 맛에서도 자연스럽게 음양의 이치를 찾는 것이다.

'음식남녀'라는 영화가 있다. 이 제목은 『예기禮記』「예운편禮運篇」에 나오는 구절을 따왔다("음식남녀飮食男女, 인지대욕존언人之大慾存焉"). 먹는 것과 섹스는 사람의 가장 큰 욕망이라는 말이다. '남녀'라는 음양의 예를 들어 성욕 일반을 뜻하는 말로 썼다. 『맹자』에도 이 말이 나온다("식색食色, 성야性也."). 음식과 섹스는 떼려야 뗄 수 없는 관계다. 배부르고 등 따시면 생각나는 것은 섹스다. 무수한 음식점과 러브모텔이 함께 있는 것만 보아도 이런 관계를 알 수 있다. 그런데 사람들은 섹스에서 음양의 조화를 맞춰야 하는 줄은 알면서 음식에서의 음양을 맞출 줄은 모른다.

섹스에서 음양의 조화가 맞지 않으면 누구나 바로 알 수 있다. 만족스럽지 않다. 심하면 기분도 나쁘다. 그러나 음식에서 음양의 조화가 맞지 않는 것은 많은 경우 바로 알 수 없다. 그런 부조화가 오래 쌓여야 비로소 알게 된다. 그러나 알게 되었을 때는 이미 늦었다. 철이 들고 나니 부모님은 이미 돌아가셨더라는 얘기와 똑같다.

그런데 사람들은 자기와 똑같은 사람보다는 자기와 반대되는 사람을 좋아하는 경향이 있다. 키가 큰 사람이 작은 사람과 어울리고 마른 사람이 뚱뚱한 사람과 사귄다. 활달한 사람은 조용한 사람을 좋아하고 내성적인 사람은 외향적인 사람을 따른다. 여기에서도 음양의 조화가 보인다. 물론 다 그렇다고 할 수는 없다.

음식도 마찬가지다. 예를 들어 찹쌀은 양이지만 보리는 음이다. 멥쌀은 덥지도 차지도 않아 고르다. 이를 '평平하다'고 한다. 그래서 몸이 찬 사람[음]은 대개 찹쌀[양]을 좋아한다. 반면 속에 열이 많은 사람[양]은 찹쌀을 꺼려하고 보리[음]를 좋아한다.

고기에도 음양이 있다. 돼지고기는 차다. 반면 개고기나 닭고기는 덥다. 소고기는 고르지만 약간 따뜻한 편이다. 양고기는 닭고기와 개고기 사이 정도의 더운 기가 있다. 오리고기는 약간 차다. 그래서 몸이 더운 사람은 닭고기를 좋아하지 않는다. 반면 찬 사람은 닭고기가 당긴다. 음식의 음양에는 물리적인 온도도 중요하다. 찬 돼지고기는 뜨거울 때 먹어야 맛있다. 돼지고기나 돼지기름을 많이 쓰는 중국음식이 식으면 유난히 맛이 없어지는 이유가 여기에 있다. 그래서 돼지고기를 많이 쓰는 중국음식에서는 열을 오랫동안 보존하기 위해 감자전분을 많이 쓴다.

반면에 찬 것을 더 차게, 더운 것을 더 덥게 하는 방법도 있다. 냉면을 거의 얼리다시피 하게 먹는 것이나 돼지고기 냉채를 먹는 것이 그러하다. 이렇게 하면 그 음식의 찬 기운이 더 커져서 우리 몸은 찬 기운을 강하게 받게 된다. 그러나 이런 방법은 어쩌다 한두 번 먹는 것이지 자주 먹어서는 안 된다. 물론 사람에 따라, 그 사람의 몸 상태에 따라 자주 먹어도 상관없거나 오히려 좋은 경우도 있다.

어떤 사람이 나이가 예순이 넘어서도 한겨울에 반바지를 입고 다닐 정도로 몸에 열이 많았다. 그 사람은 1년 내내 점심은 꼭 냉면을 먹었지만 큰 탈이 없었다. 그러나 이는 예외적인 경우다.

물론 이 모두는 음식이기 때문에(음식은 기가 크게 치우치지 않은 것이다) 어느 정도는 음양을 맞춰 먹지 않아도 별 상관이 없다. 그러나 자기와 맞지 않는 음식을 많이 먹거나 오래 먹다 보면 몸 상태가 나빠지는 것을 느낄 수 있다. 대개 몸이(정확하게는 기가) 약한 사람들은 이런 관계를 민감하게 느낀다. 몸이 찬 사람은 냉면이나 돼지고기만 먹으면 바로 설사를 하는 경우가 적지 않다. 찬 맥주를 먹어도 마찬가지다.

음식에서 찬 것은 음이고 더운 것은 양이다. 찬 음식을 먹으면 몸이 차지게 된다. 한기를 느끼기도 하고 속이 더부룩하면서 배에서 꾸룩꾸룩 소리가 나거나 설사가 난다. 소변이 맑으면서 힘없이 오래 나오기도 한다. 이런 것이 모두 몸이 차진 증상이다. 반면 더운 음식을 먹으면 몸도 더워지는 것을 느끼거나 변이 굳어지기도 한다. 여드름이 더 심해지기도 하고 피부가 가려우면서 머리나 몸에 작은 종

함흥냉면과 평양냉면.
냉면은 겨울에 어울리는 음식이다.

기가 나기도 한다. 소변은 양이 줄면서 노랗게 되고 열감이 느껴지기도 한다. 그러므로 가능하면 자기 몸의 상태를 알고 거기에 맞춰 음양을 조절해 먹으면 건강해질 수 있다.

그렇지만 현실적으로 이를 일일이 다 알고 먹기는 힘들다. 그래서 기가 고른 음식이거나 그 자체로 음양의 조화를 이루고 있는 음식을 먹는 것이 바람직하다. 예를 들면 찬 냉면에 더운 고추나 겨자를 넣거나 찬 돼지고기에 더운 새우젓을 넣는 일이 그러하다. 이처럼 요리란 단순히 맛을 내는 일이 아니라 음식의 음양을 맞추는 일이어야 한다. 그리고 그랬을 때 그 음식을 맛있다고 하고 사람들도 그것을 맛있게 여긴다.

그러나 요즘 많은 음식점의 요리는 보다 더 강렬한 맛을 내기 위해 노력한다. 음양의 조화는 고사하고 매운 것은 더 맵게, 단 것은 더 달게 만든다. 음식이 점점 짜지는 것은 물론이다. 우리의 혀는 매우 간사해서 그런 입맛에 길들여지면 다른 음식은 맛보지 않게 된다. 세 치 혀로 세상을 우롱하는 것도 나쁜 일이지만 음식으로 세 치 혀를 농락하는 일도 그에 못지않게 나쁜 일이다.

조선의 왕들이 온천으로 간 까닭은?

『조선왕조실록』을 보면 왕들이 온천을 했다는 기록이 자주 나온다. 왜 갔는지에 대해서는 확실하게 밝히지 않았지만 온천을 한 이유를 의학적인 관점에서 찾자면 아마도 두 가지일 것이다. 하나는 피부병이고 다른 하나는 당뇨와 연관된 질환들이다.

조선의 왕들은 건강이라는 측면에서 보면 그다지 좋은 환경에서 산 것 같지 않다. 이렇게 말하면 다소 의외로 들릴지 모르겠다. 내의원에는 허준 같은 당대 최고 수준의 의사들이 모여 일반적인 질환은 물론 왕이 먹고 자고 일하는 모든 것을 관리하고 있었기 때문이다. 대소변까지 매일 점검할 정도로 엄격한 관리를 받고 있었으므로 건강에는 큰 문제가 없어야 할 것이기 때문이다. 그러나 실제 사정은 다르다. 먼저 왕의 하루 일과부터 살펴보자.

왕은 아침 해가 뜨기 전에 일어난다. 눈을 뜨면 자신이 일어났음을 알리는 헛기침을 한다. 일어나 옷을 차려입고 대비전에 문안인사를 드린다.

문안인사가 끝나면 해 뜰 무렵부터 경연經筵을 한다. 경연은 신하들과 경전을 놓고 토론하는 것을 말한다. 경연이 끝나면 국정 현

안을 논의하는 정치토론의 자리가 이어진다. 원래 하루 세 번 하게 되어 있다. 경연은 왕권王權을 주장하는 왕과 신권臣權을 주장하는 신하들의 논의인 만큼, 말이 토론이지 사실상 이데올로기 투쟁이었다고 할 수 있다.

경연이 끝나면 아침 수라를 들고 나서 국정 보고를 받고 서류를 처리한 뒤 조회朝會를 한다. 매월 5, 11, 21, 25일에는 문무의 모든 관리가 참가하는 정식 조회가 열린다. 조회는 나라의 모든 일에 대해 업무보고를 받고 지시를 내리는 자리다. 왕의 권력을 확인하는 자리이면서 그 권력을 유지하기 위한 매우 중요한 자리였다. 팽팽한 긴장이 오가는 자리였을 것이다.

조회가 끝나면 지방을 다스리는 관리들을 만난다. 그리고 정오에는 다시 경연이 열린다. 경연이 끝나면 외국의 사절 등을 만난다.

오후 세 시가 되면 왕은 궁궐을 지키는 군사들에게 암호를 정해준다. 암호는 매일매일 달라지는데, 왕의 신변이 항상 위험에 노출되어 있었기 때문에 자주 바꾸었을 것이다. 이렇게 하고 나면 약간의 여유가 생겨 쉬는 시간을 갖는다.

잠시 쉬고 나서 저녁 수라를 들고 다시 대비전에 문안을 한다. 그런데 대비전에서는 간단한 문안만 하는 것이 아니다. 그날 있었던 일을 이야기하다 보니 자연스럽게 정치가 중심이 될 수밖에 없다. 대비전과 대립 관계에 있으면 더 심각한 대화가 오갔을 것이다. 부모자식 간에도 칼을 겨누는 일이 드물지 않았음을 생각해보면 반드시 화기애애한 분위기는 아니었을 것이다.

문안이 끝나면 온갖 서류를 결재해야 하다. 정조 같은 왕은 모든 서류를 자신이 직접 다 읽고 답을 했으므로 밤을 새는 일이 부지 기수였다고 한다.

그리고 남는 것은 밤일이다. 보통 사람에게는 여러 명의 후궁을 마음대로 고를 수 있으니 얼마나 좋을까 하지만 그것도 마음대로 할 수 있는 일은 아니었다. 날씨가 고르지 못하거나 감정의 기복이 심하거나 술을 먹거나 상대가 월경 중이거나 하는 등의 이유로 밤일 자체를 하지 못하기도 했다. 무엇보다도 누가 왕자를 생산하느냐 하는 문제는 권력의 핵심 문제 중 하나였으므로 후궁을 고르는 일은 절대 왕의 뜻대로 결정할 일이 아니었다. 그렇게 우여곡절을 겪고 택한 후궁과 밤일을 하는 동안에도 창호지 하나 사이로 의관을 비롯하여 내시 등이 지켜서 있었다.

다음으로는 먹는 것을 살펴보기로 하자.

왕은 아침에 일어나면 먼저 묽은 미음을 먹는다(자릿조반). 빈속을 가볍게 자극하여 입맛을 돋우고 비위의 기를 움직여 아침 식사를 준비하기 위한 것이다. 경연을 하기 전에는 죽을 먹고 경연이 끝나면 아침 수라를 먹는다. 수라의 기본상은 12첩 반상이다. 12첩 반상은 밥과 국, 김치, 찌개, 전골, 찜을 제외한 열두 가지가 넘는 반찬을 기본으로 한다. 각각의 음식은 팔도에서 올라온 가장 좋은, 말 그대로 산해진미로 만든 것이다. 오늘날 한 끼에 몇십만 원씩 하는 최고급 한정식 혹은 한식과 비슷했을 것이다. 아니 그보다 더 나았을 것이다.

밥을 먹을 때는 반드시 은수저로 먹는다. 수라상궁이 일단 맛본 것을 다시 은수저로 확인하는 것이다. 독살의 위험 때문에 밥 한 순가락도 마음대로 먹을 수 없다.

아침을 먹고 점심때는 간단한 국수나 죽을 먹고, 저녁 수라를 먹고 나서는 밤참으로 약식이나 식혜가 준비되었다. 잔치가 있으면 술과 더불어 온갖 맛있는 음식이 나왔으며 여기에 철마다 몸에 좋은 보약이 더해졌다.

그럼에도 불구하고 조선의 왕들은 그렇게 건강하지 못했고 여러 병으로 시달리다 요절하는 경우가 많았다. 조선 왕들의 평균 수명이 46세 정도라고 하는데, 이는 일반 서민의 35세(추정)보다는 길었지만, 최고의 의료 서비스에 좋은 것만 먹을 수 있었던 조건에 비춰보면 그다지 긴 것도 아니다. 사대부의 평균수명이 50세가 넘는 것(추정)에 비추어보면 더 낮다.

이렇게 오래 살지 못했던 이유 중 가장 큰 것은 무엇보다도 스트레스일 것이다. 위에서 본 것처럼 왕은 한순간도 마음을 놓을 수 없었다. 왕족 내부와 신하의 권력 사이에서 언제 어떻게 목숨이 날아갈지 모르는 상황이었기 때문이다. 잠도 두 발 뻗고 잘 수 없었다. 이런 모든 과정에 언제나 왕관을 쓰고 옷을 갖춰 입고 있어야 했다. 활동도 불편했을 것이다.

조선 왕들의 사인死因을 살펴보면 화병과 심장병, 종기腫氣, 당뇨 등이 가장 많다(『조선왕들의 생로병사』). 화병과 심장병은 모두 정신적인 스트레스가 주된 원인이다. 당연한 일이다. 그런데 의외로 등창이 주요한 사인으로 자리 잡고 있다.

등창은 종기의 일종으로, 주로 목이나 등에 많이 생겨서 생긴 이름이다. 종기의 원인으로 가장 중요한 것은 습濕과 열이다. 습열을 만드는 중요한 요인은 정신적인 스트레스와 음식 그리고 기후 등의 환경이다. 이 환경에는 왕의 의관처럼 통풍이 잘 되지 않는 옷도 포함된다. 이중 여기에서 강조하고 싶은 것은 음식이다.

왕의 음식은 거칠지 않다. 곡식이든 채소든 모두 부드럽게 가공된 것들이다. 그것을 더 잘 만들기 위해 맛을 진하게 하고 기름지게 했다. 이런 음식을 가리켜 '고량후미膏粱厚味'라고 한다. 곱게 간 곡식과 기름지고 맛이 진한 음식이라는 뜻이다. 고량후미는 모두 몸 안에서 열과 담痰을 만든다. 『동의보감』에서는 담이 열 가지 병 중에 아홉의 원인이 된다고 하였다. 그래서 한의학에서는 늘 고량후미를 경계했다.

고량후미는 당장에는 입 안에서 즐겁지만 이런 음식을 계속 먹다 보면 결국 열과 담을 만들어 몸을 병들게 한다. 그리고 이런 상태를 악화시키는 것이 주색과 스트레스, 특히 스트레스다.

이런 관점에서 보면 조선의 왕들은 종기가 생길 모든 조건을 충분하게 갖추고 있었다. 그러다 보니 종기는 물론 각종 피부병이 끊이지 않았다. 조선의 왕들이 온천을 자주 찾은 이유는 바로 여기에 있었다. 곧 종기와 피부병, 당뇨로 인한 합병증 등을 치료하기 위한 것이었다.

그런데 오늘날 사람들이 받는 스트레스는 조선 왕에 비해 별로 적어 보이지 않는다. 먹는 음식도 그 맛이 진하다는 면에서는 조선 왕의 수라에 비해 더하면 더했지 덜하지는 않다(모두 맛집만 찾아다닌다. 맛집이 진짜 맛집인지는 이 책에서 좀 더 따져볼 것이다). 주색은 더 말할 나위가 없다. 조선의 왕들이 온천에 간 이유를 다시 생각해보아야 할 것이다.

그래도 고기는 반찬이다

한국인이 가장 좋아한다는 찰떡궁합, 소주에 삼겹살을 구워 먹는 음식문화는 언제 처음 생겼을까? 삼겹살을 먹을 때마다 늘 궁금했다. 왜냐하면 내가 삼겹살을 먹어본 기억이 그렇게 오래되지 않았기 때문이다. 정확한 기억은 아니지만 80년대 후반에야 처음으로 삼겹살이라는 것을 먹어보았다. 고기를 이렇게 날로 구워 먹을 수도 있다는 사실부터 매우 충격적인 것이었다. 그전까지 내가 먹었던 것은 대부분 국이나 찌개에 들어 있는 고기였고, 고기 자체를 요리한 경우라고 해도 갈비찜 같은 음식이 전부였기 때문이다. 돼지갈비는 좀더 일찍 먹어보았지만(아마도 80년대 중반이었을 것이다) 어디까지나 양념이 된 고기였다. 그리고 밥 없이 고기만 먹는다는 사실도 충격적이었다. 왜냐하면 나에게 고기는 어디까지나 반찬이었기 때문이다.

    나중에 알게 된 사실이지만 불고기라는 말이 나온 것은 1930년대의 일이고, 소갈비구이가 등장한 것은 해방 이후의 일이며(수원에서 시작된 것으로 알려졌다) 이것이 1970년대에 와서 부동산 투기 붐을 타고 부유층에 퍼졌으며(강남 지역을 중심으로 한 무슨무슨 '가든'이라고 하는 식당의 등장) 삼겹살이 등장한 것은 1970년대 중반의 일이었다고 한다(황교익,

『미각의 제국』). 물론 이런 음식이 일반화되기에는 좀 더 시간이 걸렸을 것이고, 그렇기 때문에 나 같은 사람은 80년대가 되어서야 그런 고기를 처음 먹어보았을 것이다. 그러고 보면 우리가 고기를 많이 먹게 된 것은 아주 최근의 일이었음을 알 수 있다.

　그러나 지금은 많은 사람들이 외식을 한다고 하면 제일 먼저 고기를 떠올리고, 고기를 먹을 때는 먼저 고기를 먹고 나서 어느 정도 배가 차면 냉면이나 밥을 먹는다. 고기를 좋아하는 사람은 오로지 고기로만 배를 채운다. 고기를 어떻게 먹어야 가장 바람직할지에 대해 먼저 옛사람들은 고기를 어떻게 먹어왔는지부터 알아보기로 하자. 이를 살펴보는 데 가장 좋은 자료는 지금으로부터 약 2천 5백 년 전에 나온『논어』다.

　『논어』「향당편」에는 다른 편과 달리 공자의 일상생활이 자세히 나와 있다. 표정 짓는 것부터 몸가짐을 어떻게 해야 하는지 하는 시시콜콜한 문제들이 모두 기록되어 있다. 공자의 다른 말과 더불어 이런 일상에서의 태도도 후대의 모범이 되었기 때문에 이는 매우 중요한 자료라고 할 수 있다.

　지금은 만나서 대화를 하기 위해 식사를 하는 것이 일반적이지만, 예를 들어 공자가 밥을 먹을 때는 말을 하지 않았다는 구절은, 얼마 전까지도 우리의 음식 예절 중 하나였다. 밥을 먹으면서 말을 하면 안 되는 것이었다. 어떤 사람들은 이런 공자의 태도를 하찮게 여기거나 시시콜콜하게 그런 일상까지 규제하려는 공자의 의도를 불순하게 여기기도 했다.

　그러나 공자 시대에도 그러했지만 오늘날에도 의전상의 문제가 얼마나 중요한지를 안다면 그렇게 쉽게 단정할 수는 없다. 예를 들어 공식 석상에서 두 나라의 대통령이 같이 걷게 되었을 때 누가 앞서서 걷는지, 아니면 나란히 걷는지, 누가 어떤 자리에 앉는지는 자기 마음대로 할 수 있는 것이 아니다. 하다못해 오늘날 회식 자리에서도 누가 어디에 앉고 누가 먼저 건배를 할지는 그냥 정해지는 게 아니지 않는가.

『논어』를 연구한 학자들은 앞의 구절에 대해 여러 주석을 남겼다. 어떤 사람은, 밥을 먹을 때는 폐의 기[이를테면 기도]가 막히게 되는데 이때 말을 하면 [음식이 기도로 들어가] 폐를 상하게 된다고 하였다(『대역 논어집주』주자와 제자들의 토론). 이는 매우 정확한 지적이다. 나아가 밥을 먹으며 말을 하면 음식을 흘리거나 입에서 튀어나올 가능성이 많아진다. 말을 하는 동안 공기가 뱃속으로 들어가 밥을 먹고 나서 더 부룩해지거나 트림이 많이 나게 된다. 또한 얘기를 하다 보면 좋은 말만 나오라는 법이 없어서, 기분 나쁜 말이라도 오가면 밥맛이 떨어지거나 체하기 십상이다. 예의를 지켜야 하는 어려운 자리라면 무얼 먹었는지도 모르게 된다. 그러므로 이런 공자의 식사 습관은 오늘날에도 충분한 의미가 있다.

『논어』를 살펴보면 공자는 음식을 먹을 때도 매우 조심했다는 것을 알 수 있다. 썩거나 쉰 것은 물론 색깔이 이상하거나 나쁜 냄새가 나거나 익지 않은 것, 제철이 아닌 것은 먹지 않았다. 시장에서 사온 고기도 먹지 않았다. 나라에서 나누어준 고기는 그날을 넘기지 않았고, 제사에 쓰인 고기도 3일이 지나면 먹지 않았다. 심지어 바르게 자르지 않은 것도 먹지 않았다. 여기에서 '바르다'는 것[방方]은 예

또는 권력의 바른 질서를 상징한다.

그러나 공자가 음식을 먹을 때 꼭 까탈스러웠다는 뜻은 아니다. 공자는 아무리 거친 밥과 나물일지라도 반드시 제를 올리고 경건하게 먹었다. 또한 가난을 즐겨야 한다고도 말했다. 그리고 술도 거의 무한정 먹을 정도로 소탈한 면모도 엿보인다. 그런 공자가 고기를 먹을 때는 반드시 밥보다 많이 먹지 않았다고 한다. 한 마디로 반찬으로 먹은 것이다. 이는 매우 중요하다.

한의학에서 사람은 하늘과 땅의 기가 합해서 태어나고 태어난 뒤에는 하늘과 땅이 낸 기를 먹고 살아간다고 했다. 곡식은 땅이 낸 기다. 땅의 기다. 그러므로 곡식을 먹는다는 것은 땅의 기를 직접 먹는다는 말이다. 그래서 땅에서 나는 곡식이 모든 음식의 바탕이 된다. 사람의 기는 바로 이 곡식에서 나온다. 죽는 것을 곡기(곡식의 기)를 끊었다고도 하는 것처럼 곡식은 생명이다.

한국인들이 가장 좋아하는 음식 중 하나인
삼겹살구이는 70년대 중반 이후 대중화되었다.

고기는 그것이 소가 되었든 돼지가 되었든 사람과 마찬가지로 하늘과 땅의 기로 태어나 하늘과 땅의 기로 살아간다. 하늘과 땅이 낸 기를 먹고 살지만 그 고기는 이미 하늘과 땅의 기가 아니라 땅의 기를 먹은 짐승(초식동물)이나 그 짐승을 먹은 짐승(육식동물)의 기이다. 그러므로 고기는 곡식에 비해 더 치우친 성질[기氣]과 강한 맛[미味]을 갖게 된다. 그러므로 고기를 먹는다는 것은 그 짐승의 치우친 기를 먹는 것이지 직접 하늘과 땅의 기를 먹는 것은 아니다.

　　고기는 치우친 기를 갖고 있다. 그런 치우친 기를 많이, 그리고 오래 먹다 보면 내 몸의 기도 치우치게 된다. 그래서 흔히 고기를 먹을 때는 채소를 많이 먹으라고 한다. 그러나 채소가 아니라 곡식을 많이 먹어야 한다. 채소(과일이나 풀)는 고기에 비하면 더 고른 기를 갖고 있지만 곡식에 비하면 기가 치우쳐 있다. 따라서 가장 고른 기를 갖고 있는 곡식이 바탕이 되어야 한다.

　　이렇게 고기를 먹기 위한 가장 좋은 방법은 밥을 한 숟가락 먹고 마치 김치나 나물을 먹듯 반찬으로 고기를 먹는 것이다. 쌈에 밥을 넣어 같이 먹는 것도 좋은 방법이다. 이렇게 하면 자연스럽게 고기보다 밥의 양이 많게 된다. 이렇게 하면 고기를 자주 먹는다 해도 몸에 큰 이상은 없다. 거기에 먹는 고기의 양이 줄어드니 그만큼 비싼 고기 값을 줄일 수 있으니 일석이조인 셈이다.

　　어떤 사람은 햄버거가 바로 그런 식으로 먹는 것이 아니냐고 묻는다. 야채까지 있으니 더욱 바람직한 음식이 아니냐고 묻는다. 그러나 지금 패스트푸드나 가공식품으로 판매되는 햄버거는 곡식이든 고기든 모두 곱게 갈았다는 것이 가장 큰 문제다(어떤 고기를 썼느냐 하는 것도 문제다. 『맛있는 햄버거의 무서운 이야기』). 그리고 구웠다기보다는 거의 튀김 수준으로 기름기가 많다. 진짜 빵(최소한 세 가지 이상의 곡식을 거칠게 갈아 자연 발효시켜 만든 빵)에 좋은 고기를 쓰고 기름을 최소화하고 야채를 듬뿍 넣은 햄버거라면 문제가 되지 않는다.

그러나 그런 햄버거도 너무 자주, 오래 먹는 것은 바람직하지 않다. 여전히 곡기보다 고기가 많기 때문이다. 그러므로 이제부터 외식을 할 때는 고기를 시키면서 동시에 밥을 같이 시켜 먹도록 하자. 식당 주인은 별로 기분이 좋지 않을지 모르지만(실제 이렇게 시키면 대부분 매우 의아한 표정을 짓는다).

남에게 좋은 것이 나에게도 좋은 것은 아니다

남의 좋은 일은 같이 기뻐할 일이다. 남의 슬픈 일은 같이 슬퍼할 일이다. 같이 나누는 것은 좋은 일이다. 그러나 음식만은 그렇지 않다. 누구는 맛있다고 먹지만 나는 도저히 먹을 엄두가 나지 않는 경우도 있다. 누구는 먹고 기분이 좋아지지만 나는 오히려 배가 아프고 설사를 하기도 한다. 이는 사람마다 몸의 상태(또는 조건)가 다르기 때문이다. 이런 상태는 일시적일 수도 있고 일정 기간 지속되다가 바뀌기도 한다. 그런 상태 중 타고나서 죽을 때까지 변하지 않는 상태를 체질이라고 한다.

확실히 사람을 자세히 살펴보면 저마다 다 다르다는 것을 알 수 있다. 키가 크고 작은 것부터 살이 찌고 마른 상태가 다르고, 얼굴도 둥근 사람, 모난 사람, 갸름한 사람도 있다. 피부가 고운 사람, 거친 사람이 있고, 같은 인종 내에서도 얼굴색이 검은 사람, 흰 사람 등 정말 다양하다.

성격도 다르다. 어떤 사람은 외향적인가 하면 어떤 사람은 내성적이다. 늘 웃음이 떠나지 않는 사람이 있는가 하면 언제나 우울한 사람도 있다. 때로 화난 듯 보이는 사람도 있다.

사람마다의 이런 차이는 여러 면에서 문제가 된다. 먼저 체격의 차이에 따라 옷이나 신발 등이 달라져야 한다. 얼굴색이나 생김새에 따라서도 디자인이나 색상이 달라져야 한다.

대인관계도 달라져야 한다. 외향적인 사람을 대할 때와 내성적인 사람을 대할 때가 다르다. 직설적으로 자기 말을 하는 사람과 속내를 감추고 돌려 말하는 사람을 대하는 방법이 다르다. 그러나 더 큰 문제는 의학에서 생긴다.

똑같은 병에 똑같은 치료를 했는데도 누구는 낫고 누구는 낫지 않거나 때로는 더 악화되기도 하는 이유를 알아야 하기 때문이다. 간단한 예를 들어 수혈할 때 혈액형이 다르면 당연히 부작용이 따른다. 혈액형을 알게 된 것은 1900년의 일인데, 이때부터 비로소 A, B, O, AB형의 네 가지 혈액형에 따라 사람을 나누었다(1902년). 이를 바탕으로 일본에서는 혈액형에 따른 성격의 차이를 주장하기도 했다 (1927년). 이런저런 이유로 동서와 고금을 막론하고 의학에서는 체질에 대한 관심이 높을 수밖에 없었다.

한의학에서는 2천 년 전에 5태인론(五態人論. 나아가 25태인론)이라는 체질론을 냈다(『황제내경』). 크게 사람을 음양으로 나누고 음양에서 다시 또 음양을 나누어 태음, 소음, 태양, 소양인을 구분하고 어느 한쪽으로 치우치지 않은 사람을 음양화평지인(陰陽和平之人. 음양의 기가 고른 사람)이라고 하였다. 다섯으로 나누었지만 음양화평지인은 가장 건강한 이상적인 사람이므로 실제로는 넷으로 나눈 셈이다. 이후 1900년에는 이제마가 사상의학을 만들어 태양인, 소양인, 소음인, 태음인으로 나누었다.

서양에서는 히포크라테스 학파(기원전 5세기)에서 4체질론의 단초가 나왔다. 이것이 갈레노스(129~199)에서 혈액과 점액, 황담즙, 흑담즙의 네 가지 체액이론으로 완성되어 지금까지 전해지고 있다. 이는 뒤에 칼 구스타프 융(1875~1941)에 의해 네 가지 심리 유형론으로 변형되었으며 오늘날에는 MBTI 성격유형론으로 일반화되었다.

인도에도 아유르베다 의학의 체질론이 있다. 바타 타입, 피타 타입, 카파 타입이 그것인데(사상의학으로 보면 각각 소음인, 소양인, 태음인과 비슷하다), 자연의 다섯 가지 구성 요소인 공기, 불, 물, 흙, 에테르에 바탕을 둔 것이다.

그러나 체질론에는 여러 문제가 있다. 사람의 유형을 나눈다는 것은 자칫 그 사람을 일방적으로 규정할 수가 있기 때문이다. 그 대표적인 예가 골상학이다. 골상학에 의하면 두개골의 모양에 따라 종족의 우열이 갈리기 때문에, 열등하다고 판정된 경우는 물론 우수하다고 판정된 경우에도 자신의 의지와는 관계없이 다른 종족을 억압

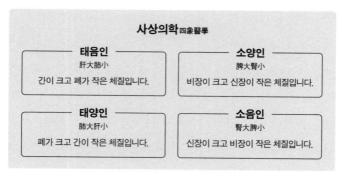

이제마는 사람을 체질에 따라 네 가지로 나누었다.
여기에서 크고 작은 것은 기의 차이다.

하는 데 이용당할 수가 있다.

또한 일정한 유형으로만 그 사람을 보면 그때그때의 상황에 따른 변화를 무시할 수 있다. 예를 들어 열이 많은 체질이지만 병이 들어 몸이 차게 될 수도 있다. 이럴 때는 소양인처럼 아무리 열이 많은 체질이어도 인삼 같이 열이 많은 약을 써야 한다. 체질론은 자칫 이런 상황에 따른 변화를 보지 못하게 만들 수 있다.

성격이나 심리도 마찬가지다. 내성적인 사람이라도 상황에 따라서는 외향적으로 변하기도 한다. 아무리 차분한 사람이라도 상황에 따라서는 급해진다. 오히려 겉으로 차분한 사람이 속으로는 더 급할 수도 있다.

가장 중요한 문제는 어떤 기준으로 나누느냐 하는 문제다. 기준이 달라지면 결과가 달라질 것은 정한 이치다. 다시 말해서 어떤 체질론이든 그것은 특정한 기준을 전제로 했을 때만 유용한 일면적 분류다.

그럼에도 체질을 나눈다는 것은 여러 면에서 장점이 많다. 가장 큰 장점은 역시 사람마다의 차이를 유형별로 이해할 수 있다는 점이다. 이로써 개인차를 무시함으로써 오는 피해를 막을 수 있다. 다만 그런 체질의 유형에 따른 차이를 고정적으로 이해하지 말아야 한다.

전문적인 수련을 받지 않았거나 잘 모를 때 가장 간단하게 나누는 방법은 음양으로 나누는 것이다. 평소 몸이 찬 사람은 음이고 열이 많은 사람은 양이다. 몸이 차면 대개 소화가 잘 되지 않고 설사를 자주 한다. 얼굴은 흰 사람이 많으며 땀이 적은 편이다. 반면 열이 많으면 소화가 잘 되면서 변비가 쉽게 온다. 얼굴은 다소 붉거나 검고 땀이 많은 편이다. 성격이나 활동에서 음이 많은 사람은 비교적 내성적이며 조용하다. 반면 양이 많은 사람은 외향적이고 활발하다. 그래서 음에 해당하는 사람은 가능하면 양에 속한 음식을 많이 먹고 양에 속한 사람은 음에 속한 음식을 많이 먹는 것이 좋다.

일반적으로 매운 음식은 양에 속한다. 고추, 마늘, 파, 양파 등이 그런 음식이다. 반면 짠 음식, 대표적으로 해조류나 물고기, 조개 종류는 음에 속한다. 건조한 것은 양이고 물기가 많은 것은 음이다. 차가운 냉면은 음이고 뜨거운 탕은 양이다. 무엇보다도 먹어보아 몸이 차지면 음이고 몸이 더워지면 양이다. 내 몸의 소리를 잘만 듣는다면 음양을 나누는 일은 그렇게 어려운 일은 아니다.

이런 음양의 차이는 때로 오래 지속되기도 하지만 때로 반대로 변하기도 한다. 특히 병이 걸렸거나 임신 또는 출산을 했거나 나이가 많이 들었거나(대개 갱년기가 지나면서) 환경이 크게 바뀌었거나 하면 변화가 오기 쉽다. 그래서 늘 자기 몸의 변화에 민감해야 한다. 어디에서 나는 무슨 체질이라고 판정받았다고 무조건 맹신할 일은 아니다.

또한 음식은 약에 비해 기가 덜 치우친 것이다. 비록 음식도 음이나 양으로 나뉘지만 음식은 자주 먹어도 별 문제가 없는 것들이다. 몸이 차다고 해서 냉면은 절대 먹으면 안 된다든지, 열이 많다고 해서 무조건 냉면처럼 찬 음식만 먹는다든지 하는 것은 바람직하지 않다. 골고루 먹되 나에게 맞는 것을 좀 더 많이 먹는 쪽으로 가닥을 잡으면 된다.

그러기 위해서는 먼저 해야 할 일이 있다. 언론은 물론이고 누군가 함부로 떠드는 말에 거리를 두는 것이다. 누가 나와서 뭐에 뭐가 좋다고 하는 말을 들으면 일단 "그럴 수도 있겠구나" 하고 거리를 두는 것이다. 무조건 믿지 말라는 것이다. 왜냐하면 우리가 접하는 지식이라는 것은 대부분 일면적일 수밖에 없기 때문이다. 과학과 종교를 포함하여 모두에게 적용될 수 있는 그런 진리는 없다.

먹기 위해 살아야 한다 1
- 냉장고의 탄생

사람이 살기 위해서는 먹어야 하고 먹을 것을 얻기 위해서는 일을 해야 한다. 분명히 먹고살기 위해 일하는 것이다. 그런데 보통 사람들은 무언가를 생산하기 위해 일을 한다고 생각한다. 쌀을 생산하기 위해 농사짓고 자동차를 생산하기 위해 노동한다고 생각한다. 나아가 생산을 해서 이윤이 나면 그 이윤으로 더 많은 생산을 위해 투자한다. 이제 더 많은 생산과 더 많은 이윤이 모두의 목표가 되었다. 그 결과 생산하기 위해 일을 하고 일을 하기 위해 밥을 먹게 된 것이다. 완전히 거꾸로 되었다.

그런데 인류가 이런 식으로 생산을 위한 생산을 하게 된 것은 자본주의화가 진행된 극히 최근의 일로, 그 이전의 인류 역사에서는 오히려 성대하게 소비하기 위해 생산이 이루어졌다. 일을 해서 생산한 것을 쌓아두거나 더 많은 생산을 위해 다시 쏟아붓는 일은 하지 않았다. 고대에 성城이나 궁궐과 같은 거대한 건축물을 짓는 것은 권력의 강화를 위한 것이 일차적인 목적이었지만 그런 대규모 토목 사업을 통해 부의 재분배가 어느 정도 이루어지기 때문에 국가 내부의 결속을 다지기 위한 목적도 있었다. 소비를 위한 생산이라는 전통은 얼마 전까지도 남아 있어서, 부잣집 잔칫날은 거지들 배불리는 날이었다. 그래서 부자라고 하면 누구보다 더 넉넉하게 잔치 음식을 준비하여 나누어주는 것이 덕이 있는 행동이었다. 그러지 않으면 구두쇠로 비난을 받게 된다. 지금도 잔치를 하지만 언제부터인지 사람들은 자기가 받은 것을 장부에 기록해놓고 대를 이어 갚아나간다.

1920년대에 제작된 냉장고
(영국 버밍엄과학박물관)

음식에 있어서 생산을 위한 생산을 가능하게 한 조건의 하나는 냉장고의 탄생이었다. 냉장고가 생기기 전에는 생산을 위한 생산을 하려고 해도 오래 보관하기 어려워 생산의 규모는 한정될 수밖에 없었다. 그러나 냉장고가 생기고 일반화되면서 사정이 달라졌다. 무한대는 아니지만 과거에 비해 어마어마한 규모의 생산을 할 수 있게 된 것이다. 냉장고로 상징되는 냉동 기술은 단순한 저장만이 아니라 음식의 이동에도 혁명적인 변화를 가져왔다. 이제 북극에서 생산된 것을 남극으로 옮기는 것은 큰 문제가 되지 않는다.

이러한 변화는 생산을 위한 생산을 강화했을 뿐만 아니라 여러 가지 문제를 낳는다. 먼저 냉장고가 음식과 몸에 미치는 영향을 살펴보자. 첫째는 냉장이라는 것이 음식의 변질을 막아주기는 하지만 그 과정에서 음식에 변화가 온다. 한 마디로 맛이 변하게 된다. 때로 상하기도 한다. 맛에 민감한 사람은 냉장고에 들어갔던 음식과 그렇지 않은 음식을 구분한다. 그래서 지금도 세계의 많은 지역에서는 고기를 냉장고에 보관하지 않는다. 바로 잡아서 바로 먹거나 하루 이틀 정도 숙성해서 먹는 것이다. 숙성을 하더라도 자연적인 조건 속에서 숙성시킨다.

둘째는, 이것이 중요한 점인데, 계절이나 그 지역에 맞지 않는 음식을 먹게 됨으로써 건강을 해칠 수 있다는 점이다. 지금까지 인류가 먹어온 대부분의 음식은 어느 정도 오래 먹어도 별다른 해가 없는 것들이어서 약간의 독이 있다고 해도 당장은 큰 해가 되지 않는다. 그러나 병은 작은 것이 쌓여서 어느 날 갑자기 크게 드러나는 것이다. 제철이나 제 지역을 벗어나 생산된 음식을 일상적으로 먹는 시대가 오면서 조금씩이지만 독이 쌓이기 시작한다. 여기에서 독이라고 했지만, 이는 그 자체가 독이라는 말이 아니라 그런 새로운 음식, 새로운 조건에 우리의 몸이 적응하지 못한다는 의미이다. 원래 '독毒'이라는 말 자체에는 두텁다[후厚], 많다, 세다[맹렬猛烈]는 뜻이 있다. 그 자체가 독이 아니라 진화라는 관점에서 보았을 때 우리 몸에 센 것, 지나친 것이다. 사실 인류가 탄생하면서부터 지금까지도 쓰고 있는 모든 약은 음식 중에서 우리 몸에 작용하는 힘이 센 것이다. 그래서 고대에는 '약'이라는 말이 없었고 그냥 '독'이라고 하였다. 독의 센 힘을 이용하여 우리 몸의 병을 치료해왔다. 그렇기 때문에 독에는 치료한다[치治]는 뜻도 들어 있다.

모든 음식은 그 음식이 나는 지역의 자연과 그 자연 속에 사는 인간과의 기나긴 시간에 걸친 진화의 과정을 거쳐 최적의 관계로 형성된 것이다. 예를 들어 더운 곳에서 나는 쌀인 인디카종(Indica rice, 안남미安南米)은 더운 곳에 사는 사람들의, 찬 기운에 약한 비위에 적합한 쌀이다. 반면 온대 이상의 북쪽에서는 그런 쌀로는 허기를 채우기 어렵다. 거꾸로 북쪽에서 나는 멥쌀 내지 찹쌀은 더운 곳에 사는 사람들이 소화시키기 어렵다.

대부분의 음식은 자기가 나는 계절에 맞는 성질을 갖게 된다. 여름에는 속을 덥혀주는 고추와 파와 같은 식물이 잘 자란다.

더운 여름에는 몸 밖의 온도에 비해 몸 안의 온도는 상대적으로 낮다. 상대적으로 차게 되는 것이다. 이럴 때는 몸 안을 덥혀주는 음식을 먹어야 한다. 그러므로 여름에는 고추나 파를 넉넉히 먹어도 좋지만 겨울에는 그렇게 하지 않는 것이 좋다(설렁탕을 먹을 때, 여름에는 파를 넉넉히, 겨울에는 조금만 넣어 먹는 것도 이런 이유다). 반대로 겨울에 몸 안을 지나치게 덥혀서 땀을 내게 되면 몸의 기가 약해져서 감기와 같은 병에 걸리기 쉽게 된다. 겨울에 땀을 내서 생기는 병은 바로 나타나지 않고 그다음 봄에 나타난다. 대표적인 것이 춘곤증이다.

셋째는 차게 먹지 않아야 할 것을 차게 먹거나, 지나치게 차게 해서 먹게 된다는 점이다. 모든 음식은 그 나름대로의 적절한 온도가 있어서 그 온도에 맞게 먹었을 때 더 맛있다. 그런데 어떤 음식은 찬 성질을, 어떤 음식은 더운 성질을 갖고 있다. 여기에서 '차다' '덥다'는 말은 물리적 온도를 말하는 것이 아니라 그 음식을 기르는 관점에서 보았을 때 그 음식이 사람의 몸에 미치는 영향이 어떠한가를 말한 것이다. 예를 들어 고추나 마늘 같은 것을 먹으면 몸이 더워진다. 술을 마셔도 그렇다. 이럴 경우 그 음식을 덥다고 한다. 그런데 냉장고를 이용하여 찬 음식을 더 차게 하면 그 성질이 세게 된다. 독이 된다. 독이 쌓이면 병이 된다.

　냉장고가 미치는 사회적 영향은 더욱 심각하다. 첫째는 음식이 축적 가능한 상품으로 변했다는 점이다. 본격적인 식량전쟁도 가능하게 되었다. 둘째는 음식이 자본의 이윤창출을 위한 도구로 변하면서 중소자본을 몰아내기 시작했다. 전에는 그날그날 먹을 것을 샀기 때문에 집과 가까운 가게에서 조금씩 사다가 먹었다. 그러나 이제는 냉장고 덕분에 먼 곳까지 가서 한꺼번에 많은 음식을 살 수 있게 되었다. 자연히 동네 구멍가게는 몰락할 수밖에 없고 대형마켓은 점점 더 커질 수밖에 없다. 독점이 일반화한 것이다. 셋째는 주요 생산자인 농축산민과 어민의 자본에 대한 의존 내지 종속이 심화된다. 내가 노동하여 생산할 식물이나 동물, 물고기의 종류와 양은 물론 생산 방법까지 통제받게 된다. 농기구와 비료, 농약, 심지어 종자까지 그 모든 것을 자본에 의존하게 된다.

　냉장고를 없앨 수는 없다. 또 그럴 필요도 없다. 냉장고는 냉장고로서의 미덕이 충분한 것이다. 조만간 냉장고는 스마트폰과 같은 역할을 할 것으로 보인다. 특히 유비쿼터스의 중심이 될 가능성이 크다(톰 잭슨, 『냉장고의 탄생』). 동서를 막론하고 고대에도 냉장고가 있었다. 조선시대에는 석빙고를 만들어 얼음을 보관하고 제사에 쓸 음식들을 갈무리해두기도 했다. 그러나 그 용도는 역시 소비를 위한 것이었다. 잘 먹고 잘 살기 위해 일을 하는 것처럼 냉장고 역시 잘 먹고 잘 살기 위해 냉장하는 것이다. 이를 어기면 냉장고는 독이 되고 결국은 병이 될 것이다.

먹기 위해 살아야 한다 2
- 올바른 관계 맺기

이런 질문을 해본 적이 있을 것이다. "먹기 위해 사는가, 아니면 살기 위해 먹는가?"

아마 먹는 데 목숨 건 사람은 먹기 위해 산다고 할 것이지만 뒤따를 비난은 각오해야 한다. 그러니까 살이 쪘다는 둥, 굶주리고 헐벗은 동지를 생각하라는 둥.

그러나 나는 살기 위해 '먹는 것'이 아니라, 먹기 위해 '살아야 한다'고 주장한다. 왜 그런가?

고대 그리스의 철학자인 에피쿠로스는 이런 말을 했다. 욕망에는

1) 자연적이면서 필연적인 것이 있고

2) 자연적이지만 필연적이지는 않은 것이 있고

3) 자연적이지도 않고 필연적이지도 않은 것이 있다.

다소 복잡하게 들릴지 모르지만 예를 들어보면 간단하다. 에피쿠로스에게 쾌락은 고통을 없애는 것이다. 목이 마를 경우, 그것은 고통이다. 그 고통을 없애기 위해 물을 마신다. 물을 마셔서 목이 마른 고통을 없애려는 욕망은 자연적이면서 동시에 필연적인 것이다. 그리고 이것이 바로 쾌락이다.

그러나 배가 고파서 음식을 먹는 것은 자연적이면서 필연적인 욕망이지만 최고급 프랑스 요리를 먹으려는 욕망은, 배고픔을 없애기 위한 욕망이라는 점에서는 자연적이지만 필연적인 것은 아니다. 꼭 그런 맛난 음식이 아니어도 배고픔은 없앨 수 있기 때문이다.

자연적이지도 않고 필연적이지도 않은 욕망에는 돈과 명예와 권력 같은 것이 있다. 돈과 명예 같은 것은 인간의 자연적인 욕망이 아니다. 돈을 예로 들어보면, "사람 나고 돈 났다"는 말처럼, 돈은 사람에게 식욕이나 성욕처럼 본래 타고난 것이 아니다. 그러므로 자연적인 것이 아니다. 필연적인 것은 더더욱 아니다.

자연적이면서 필연적으로 산다는 것은 기본적인 식욕과 성욕의 충족을 위해 사는 것이다. 목이 마르면 물을 마시고 배가 고프면 밥을 먹는 것이다. 성욕이 일면 성욕을 충족시키는 일이다. 본능에 따라 그 본능을 충족시키기 위해 살지만 목이 마르다고 프랑스에서 수입한 에비앙 샘물을 찾지 않고 배가 고프다고 고급 일식이나 이태리 음식을 찾지 않는 일이다.

너무 잘나서 남들이 함부로 접할 수 없는 사람을 성적으로 소유하지 않는 일이다. 너무 비싸서 남들이 가질 수 없는 그림을 혼자 갖지 않는 일이다. 완벽한 소리를 찾아 비싼 오디오를 탐하지 않는 일이다. 권력과 명예와 부를 위해 목숨을 바치지 않는 일이다.

자연적이고도 필연적으로 사는 일은 먹기 위해 사는 사람이 더 하기 쉽다. 먹는 것 이외에는 별다른 욕심이 없기 때문이다. 그에게 권력이나 명예는 의미가 없기 때문이다. 그러나 먹기 위해 사는 사람이 잘못될 수도 있다. 그는 맛있는 것만 찾아다닐 가능성이 높다.

또 배가 불러도 더 먹기 위해 노력할 수도 있다. 배불러도 참는 것이다. 이는 자연적이지만 필연적이지는 않은 욕망이다. 이런 사람을 모욕주기 위해 우리는 그런 사람을 '돼지'라고 부른다. 그런데 돼지는 생각보다 깨끗할뿐더러 식탐도 그리 많지 않다고 한다.

먹기 위해 사는 사람은 먹는 것에 집중할 수밖에 없다. 권력이나 명예나 부와 같은 자연적이지도 않고 필연적이지도 않은 욕구가 아니라 자연적이고 필연적인 욕구에 충실하다. 그러나 먹는 데에는 한계가 있다. 아무리 돈이 많아도, 아무리 권력이 세도, 아무리 잘 생겨도 하루 세끼 이상 먹기 힘들다. 한 번에 먹는 양도 너무 많을 수 없다. 설혹 참고 먹었다고 해도 곧바로 몸에 탈이 난다(몸에 탈이 날까봐 먹고 일부러 토한 다음 또 먹는 사람이 있기는 하다).

먹기 위해 살면서 그것이 자연적이고 필연적인 것이 되기 위해서는 먼저 그 음식이 어떻게 생산되는지에도 관심을 가져야 한다. 누가 어떻게 생산한 것인지, 제철에 난 것인지, 한 마디로 자연과 올바른 관계를 갖고 생산된 음식인지 아닌지를 확인해야 한다. 유전자 조작된 종자를 대형 농장에서 키워 온갖 화학비료와 농약을 뒤집어쓰고 생산된 것인지 아닌지를 확인해야 한다는 말이다.

내가 먹는 음식이 어떻게 만들어지는지에 관심을 가질 뿐만 아니라 그것이 어떤 과정을 거쳐 내게 오는지도 관심을 기울여야 한다. 제대로 셈을 치르지 않고 불평등한 과정을 통해 온 것인지, 심하면 남의 것을 빼앗아온 것인지에도 관심을 가져야 한다.

또한 먹기 위해 사는 사람은 내가 먹는 음식이 내 몸에 어떤 영향을 미치는지에도 관심을 가져야 한다. 그 음식이 찬 것인지 더운 것인지, 오장육부 어디에 어떤 영향을 미치는지에도 관심을 가져야 한다.

또한 식재료 사이의 관계에도 관심을 가져야 한다. 궁합이 잘 맞는 것끼리 배합이 되었는지, 같이 먹어서는 안 되는 것이 섞였는지 알아야 한다. 한 마디로 제대로 요리가 되었는지를 알아야 한다. 그래서 공자는 제대로 요리된 음식이 아니면 먹지 않았다고 했다.

한 마디로 제대로 먹기 위해 살려면 음식이 자연과 맺는 관계, 사회와 맺는 관계, 내 몸과 맺는 관계, 음식끼리 맺는 관계에 관심을 가져야 한다. 그래서 그러한 모든 관계가 올바르게 이루어질 수 있도록 노력해야 한다.

그러려면 무엇보다도 내 생각이 바뀌어야 한다. 그러나 내 생각만 바뀌어서는 안 된다. 사회가 바뀌어야 한다. 앞에서 말한 모든 관계가 올바로 이루어질 수 있는 사회로 바꾸어야 한다. 살기 위해서가 아니라 먹기 위해 살아야 한다는 의미는 바로 이런 것이다.

돼지에 이어 온갖 몹쓸 누명을 뒤집어쓰고 있는 개를 보자. 개는 온몸을 통해 자신의 느낌을 표현한다. 개는 자신을 감추지 않고 또한 감추지도 못한다. 발정 난 상태와 번식을 위한 행위마저 감추지 못한다. 그렇지만 개는 직관적으로 삶에 중요한 것이 무엇인지를 안다. 개는 악감정과 악의를 참지 못한다. 개는 살아 있음을 즐기고, 기꺼이 기뻐하며, 마지막 순간까지도 단순하게 충실하다(크리스토프 코흐, 『의식』 알마).

살기 위해 먹는다는 '고상한' 사람 중에 못된 짓을 보고도 분노하지 않는 사람이 오히려 더 많은 것은 아닐까. 아니 살기 위해 먹기 때문에 그렇게 된 것은 아닐까. 개야말로 진정 먹기 위해 사는 것이 아닐까. 개야말로 자연적이면서 필연적인 욕구에 따라 사는 것이 아닐까. 살기 위해 먹는다면서 개돼지만도 못하게 살고 있는 것은 아닌지, 만일 그렇다면 이제부터라도 살기 위해 먹지 말고 먹기 위해 살아야 할 것이다.

먹기 위해 살아야 한다 3
- 제대로 알고 먹자!

이런 의미에서 우리가 잘 알고 있는 개미와 베짱이의 이야기는 어찌
보면 잘못 전해진 것이거나 아니면 적어도 새로 써야 할 것이 아닐
까 한다.

　우리가 알고 있는 개미와 베짱이의 이야기는 이렇다.

　개미는 허리를 졸라매고, 말 그대로 개미허리가 되어 일을 하여
음식을 쌓아놓는다. 허리가 그 지경이 된 걸 보면 제대로 먹지도 못
했을 것이다. 개미는 놀지도 않고 노래도 부르지 않는다. 쉬지도 않
는다. 그렇게 쌓아놓은 음식은 '내 것'이다. 겨울이 되어 베짱이가 죽
지 않으려면 개미가 축적해놓은 음식을 얻어먹어야 한다. 그런데 다
행히 개미가 음식을 나누어주었다. 개미든 베짱이든 모두 바람직하
지 못하다.

　개미에 관해 잘 알려진 이야기가 있다. 보통 사람들이 갖고 있는
'부지런한 개미'라는 생각과 달리 한 집단의 개미를 관찰해보면 모든
개미가 다 열심히 일하는 것은 아니라고 한다. 대체로 7만큼의 개미
는 열심히 일하지만 나머지 3만큼의 개미는 놀고 있다는 것이다. 그

래서 열심히 일하는 7만큼의 개미만 따로 모아놓았더니 다시 거기에서도 7:3의 비율로 일하는 개미와 노는 개미가 나뉘었다고 한다.

연구자들은, 일하던 개미가 지쳤을 때 놀던 개미가 나서서 일을 하게 되어 개미 전체로 보면 노는 것이 아니라 에너지를 비축하고 있는 것이며 적의 공격 등 개미 집단이 예기치 않은 위기에 봉착했을 때를 대비하는 일종의 예비군 역할을 하는 것이라고 한다. 또한 일하는 개미가 많아지면 식량의 소모량도 많아지기 때문에 비효율적이며 땅굴을 파는 경우처럼 좁은 곳에서 일을 할 때도 너무 많은 개미가 몰리면 비효율적이라고 한다. 여기에서 '노는 개미'라고 하였지만 정말 놀고 있는 것인지, 아니면 무언가 다른 일을 하고 있는지는 분명하지 않다. 또 그런 '분업'이 어떻게 이루어지는지에 대해서도 잘 모른다.

개미 사회의 경우를 사람의 사회에 바로 적용할 수는 없지만 사

개미라고 다 열심히 일하지 않는다.
일하는 개미가 있는 반면 노는 개미도 있다.

람의 사회에서도 비슷한 현상이 일어난다고 한다. 대체로 20명이 넘어서는 집단에서 그런 현상이 벌어진다고 하는데, 모두가 열심히 일만 하는 집단은 오래 가지 못한다는 것이다.

그래서인지 인류는 탄생하면서부터 몇 백만 년 동안 대부분 먹고살기 위해서만 일했다. 이를 '생계경제'라고 하는데, 생계를 위해 필요한 만큼만 일하는 것이다. 이들의 노동시간은 매우 짧았고 그것도 간헐적으로 이루어졌다. 이는 고대로 올라갈수록 더욱 그러하다. 원시사회에서 대부분의 원시인들은 일하는 시간보다 떠들고 노는 시간이 더 많았다. 일을 하더라도 개미 사회와 비슷한 일이 벌어졌을 것이다. 곧 모두가 열심히 일하는 것이 아니라 일부가 일을 했을 것이다. 왜냐하면 사냥이나 채취 등의 목적에 따라 자연스럽게 일하거나 노는 역할이 나뉘기 때문이다.

그런 사회에서는 나(또는 가족)를 위해 무언가를 쌓아놓는다는 생각은 하지도 않았을 뿐만 아니라 그런 걸 부끄럽게 생각했다(나카지마 신이치, 『사랑과 경제의 로고스』). 간혹 생계 이상의 것을 얻게 되면 바로 잔치를 벌였다. 자기가 속한 집단은 물론 이웃까지 불러서 잔치를 벌였다.

그런데 농경이 시작되면서부터 사람의 사회에서는 아주 이상한 일이 벌어졌다. 일하는 사람이 계속 일을 해야 하는 상황이 된 것이다. 이는 누군가가 도덕적 비난을 무릅쓰고 [아마도 폭력이나 권위의 힘으로] 먹을 것을 축적시켰기 때문이다. 모두가 나누어 먹어야 할 것을 혼자 차지한 것이다.

생계를 넘어서 일을 해야 하는 것은 누군가 빼앗는 사람이 생겼기 때문이다. 일하지 않고 빼앗아 가는 사람 또는 집단이 생겼다는 말이다. 내 생계를 이어가기 위해서는 생계경제에 필요한 노동 이상의 노동을 해야 한다. 농경이 시작되면서 사람들은 정착하기 시작했고 정착한 땅에 뿌리 박혀 거기를 떠날 수 없게 되었다. 이렇게 된 이유는 정착과 더불어 일하는 자와 노는 자가 나뉘었기 때문이다. 빼앗아가는 사람은 더 많은 것을 빼앗기 위해 더 많은 일을 시키게 되고, 빼앗기는 사람은 살아남기 위해 빼앗긴 만큼 더 많은 일을 해야 한다. 나아가 빼앗기는 사람은 적어도 자식만큼은 더 이상 그렇게 살게 하지 않기 위해 더 많은 일을 해서 쌓아놓아야 했다.

우리는 소비하기 위해 일을 하는 것이다. 내가 농사를 열심히 짓는 것도, 장사를 열심히 하는 것도 모두 무언가를 소비하기 위해 일하는 것이다. 일을 하여 얻은 것으로 내가 소비할 수 없다면 그 일은 의미가 없다.

소비에서 가장 중요한 것은 무엇일까. 사람이 살기 위해 반드시 소비해야 할 것은 무엇일까. 그것은 먹을 것, 즉 음식이다. 그러려면 음식을 구하고 요리하고 나누어 먹는 일에 집중해야 한다. 식재료에 더 많은 투자를 해야 한다. 여기에서 음식에 더 투자해야 한다는 말은 구하기 어려운 것, 희귀해서 좀처럼 먹어보기 어려운 것에 투자해야 한다는 말이 아니다. 또한 입에만 좋은, 맛있는 음식에 투자해야 한다는 말도 아니다. 우리가 전통적으로 먹어왔고 오랜 세월을 두고 몸에 좋다고 검증된 음식에 투자해야 한다는 말이다. 그런 음식이 어떻게 생산되었는지, 예를 들어 농약이나 화학비료 등을 썼는지, 어떤 흙에서 자랐는지, 기후는 어땠는지 등에 대해 알아보고 그런 음식을 생산한 사람들의 몸과 마음까지도 알아보는 것을 말한다 (와인 애호가들은 이런 정보를 다 꿰고 있다). 그래서 곱게 늙은 노부부가 한적한 시골에서 자연적으로 키운 닭이 그날 낳은 달걀을 사기 위해 먼 길을 마다하고 이른 새벽부터 가서 줄을 서는 것이다. 허리가 구부러진 할머니가 이른 새벽에 만든 두부를 사기 위해 줄을 서는 것이다. 이는 흔히 말하는 먹방에서 선전하는 맛집에 줄을 서는 것과는 전혀 다른 것이다.

그럼에도 많은 사람들은 남에게 과시하기 위해 고가의 명품에는 아낌없이 투자한다. 몸 팔아서 먹고 살 것도 아닌데 화장이나 옷과 같은 몸치장에 많은 돈과 시간을 투자한다. 전자기기는 신형이 나올 때마다 바꾼다. 한 식구가 살 수 있는 것보다 더 넓은 집, 더 많은 집을 사려한다. 그러면서 유기농 제품은 비싸다고 손을 내젓는다.

모두가 같이 놀고먹으려면 엥겔지수가 높아져야 한다. 다른 불필요한 부분에 대한 지출을 줄이고 같이 음식을 만들고 같이 먹는 시간을 늘려야 한다. 당장 사회구조를 바꿀 수 없다면 음식부터라도 시작해야 한다.

많은 사람들이 더 이상 돈을 쌓아놓는 데 집중하지 않고 먹는 데 집중하면 어떤 일이 벌어질까? 그러면 있을 것은 있고 없을 것은 없어지는 일이 벌어질 것이다. 자연적이지도 않고 필연적이지도 않은 것들은 없어지고 자연적이면서 필연적인 것만 남을 것이다. 에덴동산이 다시 찾아오는 것이다. 음식은 어느 정도 이상은 먹을 수 없다. 먹고 나서 배부르면 무엇을 해야 할까. 노는 것이다.

이렇게 말하면 이상하게 생각하는 사람도 있을 것이다. 그러나

이 지구상에는 이렇게 살아가는 사람들이 많다. 한 예로 지금의 덴마크에서는 야근을 하면 일의 효율성이 떨어질 것으로 보아 강제로 쉬게 한다고 한다. 오후 4시까지 일하고 그 이상 일하면 문제가 되는 것이다. 그리고 4시 반까지 맡겨놓았던 아이를 데려가지 않으면 경고를 받는다. 지금도 이 지구상에는 이렇게 사는 사람도 많고 또 더 많은 사람이 그렇게 살 수도 있다. 노는 것은 그저 노는 것이 아니라, 일하기 위해서 먹지 않고 먹기 위해 일하는 공동체를 유지하고 발전시키기 위한 의식을 끊임없이 재생산하기 위한 과정일 것이다.

음식을 골고루 먹는다는 것

누구나 음식을 골고루 먹는 것이 좋다고 알고 있다. 그러나 현실에서 실제 먹는 음식은 매우 제한적이다. 특히 저소득층의 음식은 하루 열 가지를 넘지 않는 경우가 많고 심지어는 서너 가지로 제한되어 있는 경우도 적지 않다. 사정이 이러하다 보니 일본에서는 하루 서른 가지 이상의 식품을 먹도록 교육하고 있으며, 미국에서는 하루에 다섯 번 이상, 다양한 색깔의 과일과 채소를 먹도록 권장하고 있다고 한다. 그런데 어떤 음식을 어떻게 먹는 것이 골고루 먹는 것일까. 실제로 사람들은 음식을 골고루 먹고 있을까. 먼저 음식 자체의 제약에 대해 살펴보자.

사람에 따라 먹는 음식 자체가 다르다. 이슬람 문화권에서는 돼지고기를 먹지 않는 경우가 대부분이고, 인도의 힌두교도들은 소고기를 먹지 않는다. 이들에게 돼지고기나 소고기는 골고루 먹는 대상에서 아예 빠져 있다고 할 수 있다. 불교에서는 고기 전체가 빠져 있기도 하다(물론 모든 불교가 그렇지는 않으며, 절대 먹지 말라는 것이 아니라 제한 또는 절제라고 말하기도 한다). 이는 사회적·종교적 제약이다.

또한 음식은 지역과 계절에 따라 다르다. 오늘날에는 온실과 같은 인위적인 방법으로 계절에 관계없이 음식을 생산할 수 있고 교통과 저장 수단의 발전(여기에는 농약도 포함된다)으로 전 세계의 거의 모든 음식을 먹을 수 있지만 그럼에도 불구하고 지역과 계절에 따라 먹을 수 있는 음식이 제한된다. 이는 자연적 제약이다.

다음으로는 먹는 방법이 다르다. 음식은 보통 물에 넣어 익히거나 불에 구워 먹지만 홍어처럼 삭혀 먹기도 한다. 청어를 삭힌 스웨덴의 스루스트뢰밍, 치즈를 발효시킨 프랑스의 불레뜨 다벤느Boulette d'Avesnes, 두부를 삭힌 중국의 취두부, 생선을 발효시킨 일본의 쿠사야 등이 있지만 그 나라 사람 중에도 잘 먹지 못하는 사람도 많다. 반면에 날로 먹기도 한다. 바닷가를 제외하면 우리나라에서 생선회를 날로 먹는 습관은 오래되지 않았다. 채소도 여름 한 철의 쌈을 제외하고 날로 먹는 경우가 별로 없었다.

또한 같은 음식이라고 해도 먹는 부위에 차이가 있다. 소를 예로 들면 소꼬리를 먹는 나라는 우리나라와 스페인 정도밖에 없다. 머리까지 먹는 나라는 우리나라와 중국, 프랑스(뇌) 정도다.

여기에 소위 말하는 '과학'의 편견도 작용한다. 근대 서양의 영양학에서는 어떤 식재료가 있을 때 먼저 먹을 수 있는 부위와 없는 부위를 나눈다. 예를 들어 소나 돼지의 경우 머리와 다리, 꼬리는 아예 먹을 수 있는 부위에서 배제된다. 생선에서는 대부분 머리와 지느러미, 내장 등이 배제된다. 그리고 남은 부분이 먹을 수 있는 부분이다.

먹을 수 있는 부분에서도 다시 폐기율이 있어서 먹을 수 있는 부위 100그램당 폐기율은 소고기는 0퍼센트지만 돼지고기는 20퍼센트, 오골계는 48퍼센트, 오리고기는 37퍼센트, 돼지갈비는 19퍼센트, 닭고기는 33퍼센트에 이른다. 생선은 일반적으로 35퍼센트 정도다. 생선의 비늘과 같이 먹지 않는 것이라 여겨서, 아니면 껍질을 두껍게 벗기는 등 조리 과정에서 버려지는 비율이 그렇다는 말이다.

경제적으로도 제약을 받는다. 아무리 좋은 음식이라도 비싸면 쉽게 먹을 수 없다. 미국의 경우, 저소득층일수록 햄버거나 피자, 커피와 토스트 정도로 매 끼니를 해결하는 사람들이 많고 이에 따른 비만과 각종 성인병에 시달리고 있다.

이렇게 보면 음식은 내가 선택하는 것 같아도 사실은 사회적으로 또한 자연적으로 주어지는 것이다. 그러므로 음식을 골고루 먹으려고 해도 사회적·자연적인 제약이 따른다. 아무리 골고루 먹으려 해도 그러기 쉽지 않다. 반면 우리의 전통적인 먹을거리는 소고기의 예를 들면 머리부터 꼬리까지 먹지 않는 부위가 없다. 살은 살대로 뼈는 뼈대로 다 먹는다. 중국의 속담에, 나는 것 중에는 비행기, 네발 달린 것 중에는 책상만 빼고 다 먹는다는 말이 그냥 나온 것이 아니다. 이런 전통은 우리나라도 마찬가지다.

서양에서는 기존의 식습관이 잘못됐다고 반성하면서 건강에 좋은 음식을 먹자는 홀 푸드Whole Food 운동이 벌어지고 있다(1960년 런던에서 시작). 신선한 식품, 가능하면 유기농, 정제되지 않은 또는 최소한으로 정제된 음식(인위적인 소금이나 지방 등을 배제), 음양 사상에 기초한 음식 섭취(찬 음식 더운 음식을 나눈다), 제철음식, 자기 땅에서 난 음식을 먹자는 운동이다. 한 마디로 건강에 좋은 음식을 먹자는 운동이다. 물론 여기에는 기존에 버리던 부분도 포함하여 먹자는 내용도 있다. 이런 운동의 바탕에는 인도의 아유르베다, 동아시아의 한의학 전통이 깔려 있다.

음식 자체의 가짓수를 늘리는 것은 매우 바람직한 일이다. 또한 음식의 전체를 먹는 것도 좋은 일이다. 그러나 무조건 골고루 다 먹는다고 반드시 좋은 것은 아니다. 먹는 사람의 조건을 따져야 하기 때문이다. 열이 많은 사람에게 열을 내는 음식을 먹게 하는 것은 잘못된 일이다. 또한 음식의 각 부분이 어떻게 서로 다른지도 알고 먹어야 한다. 귤을 예로 들어 보자.

귤의 속살(귤육橘肉)은 성질이 차고 맛은 달며 시다. 소갈증 치료, 입맛을 돋우며 소화를 돕는다. 반면 오래 묵힌 귤껍질(진피陳皮)의 성

미국의 대표적인 유기농 식품 매장인 홀 세일 마켓.
지역 생산자를 밝힘으로써 소비자들의 신뢰를 얻고 있다.

질은 따뜻하고 맛은 쓰고 맵다. 가슴에 뭉친 기를 없애고 위로 치미는 기를 내리고 소화를 돕는다. 이질, 담을 삭이는 데 좋다. 대소변, 숙취에도 좋다. 같은 껍질이라고 덜 익은 귤껍질(청피靑皮)의 기는 따뜻하고 맛은 쓰다. 기가 막힌 것을 뚫어주고 소화를 잘 시키며 나쁜 것이 쌓여 뭉친 것을 풀어준다. 껍질 안쪽의 흰 속(귤낭상근막橘囊上筋膜)은 갈증을 멎게 하고 술을 마신 뒤 토하는 것을 다스린다. 씨(귤핵橘核)는 요통, 하복통, 소변불리에 좋다. 귤의 잎은 가슴으로 치미는 기를 내려가게 하고 간의 기를 잘 돌게 하며 젖이 붓는 것을 치료한다(『동의보감』).

한의학에서는 이처럼 각 부위별로 우리 몸에 미치는 영향이 다르다고 본다. 그러므로 무조건 전체를 다 먹는 것은 상황에 따라 문제가 될 수 있다.

그렇다면 어떻게 그 많은 음식에 대한 정보를 알고 내 몸의 상태를 알고 음식을 골라 먹을 수 있을까. 그렇게 일일이 따져서 골라 먹는 일은 거의 불가능에 가깝다.

그러나 가장 간단한 방법이 있다. 그것은 전통적으로 먹던 방식을 따르는 것이다. 우리가 지금 먹는 음식은 적어도 몇백 년의 검증을 거쳐 왔다. 그렇게 우리 민족의 건강을 지켜왔다. 전통 음식은 철따라 먹는 게 다르고 아침저녁으로 먹는 게 다르다. 섣부른 퓨전이나 창작은 위험하다. 뷔페 같은 방식은 과식이 문제가 아니라 함부로 음식을 섞어 먹기 때문에 위험하다. 음식에는 서로 맞는 것이 있고 맞지 않는 것이 있다. 같이 먹어 좋은 것이 있고 그렇지 않은 것이 있다.

또 하나는 맛을 골고루 먹는 것이다. 무조건 음식의 가짓수를 늘리는 것은 능사가 아니다. 예를 들어 호박죽, 사탕, 아이스크림 등을 먹으면 가짓수로는 세 가지를 먹었지만 맛으로 보면 단맛 하나만 먹은 셈이 된다.

맛이 다르면 성분이 다르다. 정확하게 말하면 기가 다르다. 우리 몸에 미치는 영향이 다르다는 말이다. 그러므로 다양한 맛을 먹으면 자연스럽게 골고루 먹게 된다. 음식의 종류가 아니라 맛을 골고루 먹어야 한다. 인공향을 써서 맛을 내는 가짜를 거부해야 하는 이유는 바로 여기에 있다. 가짜로 맛을 낸 가짜 음식을 먹어 내 몸도 가짜로 만들 수는 없는 일 아닌가.

왜 공동체를 위한 건강인가

지금까지 대부분의 건강에 관한 이론이나 정보는 사람이라는 개체를 대상으로 하고 있으며 그것도 특정한 부분 또는 일면을 대상으로 한 것이었다. 예를 들면 야맹증은 비타민 A, 각기병은 비타민 B, 괴혈병은 비타민 C의 부족이 원인이라고 하는 것이다. 좀 더 복잡한 설명을 보더라도 기계적인 원인과 결과라는 틀에 맞춰져 있다는 점은 변하지 않는다.

그러나 나는 그런 이론이나 정보로는 많은 한계가 있다고 본다. 한 개체나 부분에서는 진리인 것이 전체로서는 진리가 아닐 수도 있기 때문이다. 또한 한 개체나 부분에 좋은 것이 다른 개체나 부분을 배제하거나 심지어는 해를 끼칠 수도 있기 때문이다.

이 세상에 다른 모든 것들과 관계를 갖고 있지 않는 것은 아무 것도 없다. 그러므로 어떤 것이 어떤 것의 원인이라고 하면 그 원인을 만든 또 다른 원인을 고려해야 한다. 예를 들어 야맹증의 원인이 비타민 A라고 하면 비타민 A가 부족하게 된 원인이 무엇인지를 고려해야 하며 그 원인이 밝혀지면 다시 그 원인이 생긴 또 다른 원인을 생각해야 한다.

또한 그 과정에서 영향을 미치는 다른 모든 요인들을 생각해야 한다. 이런 과정은 무한히 확대되어 진행될 것이다. 또한 비타민 A가 부족하게 되어 이로써 생기는 다른 결과도 생각해야 한다. 원인과 결과만이 아니라 결과가 다시 원인이 되어 생기는 문제 역시 고려해야 한다.

여기에 더하여 비타민 A를 인위적인 방법으로 투입했을 때 생기는 문제 역시 생각해야 한다. 흔히 약물 부작용이라고 하는 것도 생각해야 한다는 말이다. 물론 비아그라와 같이 신약을 개발하는 과정에서 생기는 부작용으로 의외의 효과를 얻기도 한다. 부작용副作用은 무조건 나쁜 것이 아니라 의도하거나 예상하지 않았던 부차적인 작용이다. 이러한 모든 부작용까지 생각해야 한다.

그렇다고 야맹증의 직접적인 원인의 하나가 비타민 A의 부족이라는 사실을 부정하는 것은 아니다. 다만 이러한 설명이 갖는 일면성과 부분성을 염두에 두어야 한다는 말이다. 슈퍼컴퓨터와 같은 기술의 발전으로 언젠가는 거의 무한에 가깝게 보이는 관계들을 설명할 수 있을지도 모른다. 그러나 그것이 가능하다고 해도 그런 수준에 달하기 전까지는 원인-결과라는 틀이 갖고 있는 일면성과 부분성을 배제할 수 없으며 지금과 같이 낮은 수준에서의 원인-결과라는 틀로 분석한 것을 절대적인 진리로 여겨서는 안 된다. 더군다나 사람이라는 개체에 미치는 자연과 사회, 나아가 역사의 영향까지 고려한다면 더욱 그러할 것이다.

그런데 근본적인 문제는 원인-결과라는 틀로 절대적 진리에 도달할 수 있는가 아닌가, 이를테면 디지털로 아날로그를 모두 설명할 수 있는가 없는가의 문제가 아니라 왜 그런 작업을 하는가 하는 것이다. 그런 작업을 하는 이유는 한 마디로, 그 분석의 결과를 상품으로 만들기 위한 것이다. 오늘날 우리 주변에 넘쳐나는 온갖 비타민 상품과 건강식품이 그 증거다.

순수 이론이라고 해도 돈이 되는 분석을 뒷받침하기 위해 의미가 있을 때에만 연구비가 제공된다. 그 결과 부분적이고 일면적인 진리가 보편적이고 절대적인 진리가 되어, 한 마디로 상품이 되어 우리가 사는 세상과 우리의 몸을 지배하고 있다. 그러나 건강에 접근하는 방법은 그런 방법만 있는 것은 아니다.

건강은 관계를 본질로 하는 생명을 대상으로 한다. 모든 생명은 관계다.

첫째, 생명은 생물학적 관계의 총체다. 단세포생물에서 다세포생물로의 진화를 통해 알 수 있는 것처럼 생명은 수많은 부분들의 관계 속에서 탄생했고 그런 관계 속에서만 존재한다.

둘째, 생명은 자연적 관계의 총체다. 모든 생명은 한순간도 물과 공기와 빛이 없으면, 한 마디로 자연과의 관계 없이는 살 수 없다.

셋째, 생명은 사회적 관계의 총체다. 어떤 생명도 혼자서는 살 수 없다. 같은 혹은 다른 생명과의 관계를 통해서만 생명이 유지된다. 생명의 지속 가능성은 오로지 사회적 관계를 통해서만 가능하다.

이렇게 보면 생명이 따로 있어서 이것이 다른 것과 관계를 갖는 것이 아니라 관계 자체가 생명이라고 할 수 있다.

이런 모든 관계의 운동에 어떠한 특정한 목적이나 인위적인 의도, 또는 미리 만들어진 설계(디자인이나 모델)는 없다. 『노자』의 말처럼 천지天地는 불인不仁하다. '불인'이란 무감각하다는 말이다. 곧 자연은 인간적 감각 또는 인위적인 의식, 한 마디로 목적이 없는 것이다. 그래서 전근대의 동아시아에서는, 만물은 그저 기의 이합집산일 뿐이라고도 하였다.

음양의 기가 모이면 특정한 꼴[형形]을 만든다. 사람도 되고 나무도 되고 돌도 되고 짐승도 된다. 그러나 기가 흩어지면 다시 아무것도 없는 상태, 무無로 돌아간다. 그러나 그 무에서 다시 꼴이 생겨난다. 그렇게 흘러가는 것뿐이다. 아무것도 없는 데서 기가 모여 짐짓 구름이라는 꼴을 만들지만 다시 흩어져 사라져 버렸다가 다시 구름을 만드는 것과 같다.

그러므로 이러한 생명을 대상으로 하는 건강은 총체적인 관계 속에서 파악되어야 한다. 전체와의 관계를 배제한 부분의 분석은 중요하지만 그것은 그런 한계 속에서의 의미만을 갖는다.

그리고 어떤 이론이나 정보가 올바른지 아닌지는 최소한 3대에 걸친 검증을 거쳐야 한다. 동아시아에서는 "의사가 3대를 거치지 않았으면 그 의사의 약을 먹지 마라"(『예기禮記』「곡례曲禮」)는 격언이 내려오고 있다. 이는 어떤 약이 그 개체는 물론 다음, 그리고 그다음 세대에 어떤 영향을 미치는가라고 하는, 세대를 거친 경험의 문제만이 아니라 생산과 재생산이라는 관점에서 제기된 문제다. 이런 점에서 오늘날 많은 식물의 종자가 2대에서 불임이 되도록 조작되고 있는데, 과연 그런 식물을 먹어도 되는지에 대한 심각한 논의가 필요하다. 그리고 이러한 관점은 생물학적 관계에서만이 아니라 자연과 사회와의 관계에서도 마찬가지로 적용되어야 한다.

공동체는 단순히 특정한 이념 하에 특정한 사회적 관계가 실현되는 공간만을 의미하지는 않는다. 여기에서 말하는 공동체는 사회적 관계를 포함하여 생물학적·자연적 관계가 총체적으로 이루어지는 공간이다. 다만 이 공동체는 사람이 만드는 목적의식적인 공간이다. 사회와 자연과 몸이 하나 되어 생명을 살리는 방향으로, 곧 상생의 방향으로 나아가려는 공간이다. 인위적인 공간이다. 인위적이기는 하지만 자연과 사회와 몸이 서로 조화되지 않으면 유지될 수 없는 공간이다.

이러한 의도에 가장 부합하는 사상 체계로는 황노학黃老學을 들수 있다. 그것은 대체로 『노자』와 『회남자』, 『황제내경』을 거쳐 『동의보감』에서 구체적으로 실현된 체계라고 할 수 있다.

황노학은 몸과 사회와 자연을 하나로 본다. 모든 것을 하나의 기로 보는 것이다. 황노학에는 연관을 배제한 분석이 없다. 이는 황노학의 장점이자 동시에 단점이 된다. 연관이 배제된 사물의 구조와 기능에 대해서는 자세하지 못한 것은 하나의 단점이다. 연관이 배제된 분석적 이해는, 그것이 다시 변증법적 종합의 과정을 거친다고 해도 사물의 운동과 발전을 부분적으로밖에 이해할 수 없다는 한계가 있지만, 대상의 구조와 기능에 대한 이해, 그리고 무엇보다도 대상을 인간을 위한 것으로 장악하는 데에서는 큰 힘을 갖는다.

물론 과학이 어떤 방향으로 가야 하는가 하는 문제는 가치관의 문제이므로 이에 대해서는 또 다른 논의가 필요하다. 총체적인 황노학의 이해가, 연관이 배제된 개체의 분석과 그 종합이라는 방법과 어떻게 통일되어야 하는가, 그럴 필요가 있는가 하는 문제에 대해서도 또 다른 논의가 필요할 것이다.

　또 하나, 황노학은 농경을 바탕을 둔 전근대 계급사회의 사상체계다. 이것이 과연 앞에서 제시한 공동체의 개념과 어느 정도 어우러질 수 있는지는 앞으로 더 연구해야 할 과제라고 하겠다.

제 3 장

음식이란
무엇인가

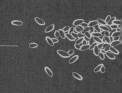

우유는 어쩌다 논란의 중심이 되었나

나이 오십이 넘은 사람들에게 우유는 어떤 기억으로 남아 있을까? 내게 첫 우유는 60년대 시골의 한 '국민학교'에서 배급받은 네모난 덩어리였고, 또 하나는 그 고소한 맛에도 불구하고 먹고 나서 설사를 했다는 것이다. 그 이후 나는 우유를 먹지 않았다. 아니 먹을 수가 없었다. 그런데 서울로 전학을 오고 나서 받은 충격은, 적지 않은 서울 친구들이 우유를 밥 먹듯이 먹을 수 있다는 사실이었다. 똑같은 음식도 먹을 수 있는 사람과 먹을 수 없는 사람이 나뉜다는 걸 처음 알았다.

우유는 한편에서는 완전식품일 뿐만 아니라 국민 모두가 먹어야 하는 식품이다. 그러나 다른 한편에서는 절대 먹어서는 안 되는 위험한 식품이다. 우유의 장점에 대해서는 지나칠 정도로 알려져 있으므로 여기에서는 부정적인 주장을 알아보자. 그 전에 먼저 우유를 소화시킬 수 있는 '락타아제'가 결핍되어 있는 인구가 어느 정도인지 알아보는 것이 좋을 것이다. 한 연구에 따르면 세계 인구 중 미국을 포함한 대부분 국가 인구의 70퍼센트 이상이 락타아제가 없다. 반면에 핀란드인은 18퍼센트, 미국 백인은 8퍼센트, 스위스인은 7퍼센트, 덴마크인은 2퍼센트 정도가 결핍되어 있다. 대체적으로 보면 북유럽 쪽 사람들이 우유를 잘 소화시키고 남쪽으로 올수록 잘 못한다. 이외의 아프리카, 아시아, 남미 등 대부분 지역에서는 우유를 잘 소화시키지 못한다고 보면 될 것이다. 당연하지만 이런 지역에서는 우유를 식용으로 사용하는 경우가 거의 없었다.

우리나라도 마찬가지다. 우리나라에서 우유는 대부분 식용이 아니라 약용으로 쓰였다(고려시대의 의서인 『삼화자방三和子方』을 인용하여 『향약집성방』에 한 번 나온다. 여기에서 우유는 먹는 것이 아니라 외용으로 귀에 넣는다). 일부 지배층에서는 타락죽 같은 음식으로 먹기도 했고 노인의 보양식으로 먹기도 했다. 약용으로 쓸 때도 대개 오랫동안 졸여서 썼고 식용의 경우에도 오랫동안 끓여서 먹었다. 날로 먹는 경우는 일사병 같은 데에 쓸 때뿐이다.

우유를 먹지 말아야 한다는 입장에서는 우유가 1리터 당 35그램 정도의 지방이 들어 있고 이 지방의 60퍼센트 정도가 포화지방이어서 심장질환을 유발한다고 한다. 포화지방의 하루 권장량은 10그램이다. 우유 1리터를 마시면 약 20그램 정도의 포화지방을 먹게 되기 때문에 이미 하루 권장량을 넘어설 뿐만 아니라 500밀리리터를 마시면 다른 모든 포화지방이 들어간 음식은 먹지 말아야 한다. 또한 우유에는 칼슘만이 아니라 많은 양의 인이 들어 있어서 오히려 골다공증을 유발한다고 한다. 우유의 칼슘 대 인의 비율은 2:1이 조금 안 되는데(2:1이 넘어야 좋다고 한다), 이렇게 되면 인이 칼슘의 흡수를 방해한다는 것이다. 실제로 우유에는 1,200밀리그램의 칼슘이 들어 있는 반면 모유에는 300밀리그램밖에 없는데도 아기 몸에는 모유의 칼슘이 더 많이 흡수된다.

많은 역학조사에서도 우유 소비량이 늘수록 골다공증이 늘어나는 것으로 나타난다. 이 외에도 암이나 아토피, 각종 정신질환을 유발한다는 주장도 많다(프랭크 오스키, 『오래 살고 싶으면 우유 절대로 마시지 마라』, 티에리 스카르, 『우유의 역습』 등 참조). 이상은 '이상적인' 우유만을 대상으로 한 것이며 여기에 '현실의' 우유, 곧 소가 먹게 되는 각종 호르몬제나 항생제, 살충제, 소먹이에 들어가는 각종 농약과 제초제, 소먹이의 유전자 조작, 육류 섭취, 채유와 살균, 유통과정, 소비과정에서 일어나는 문제에 대해서는 언급하지 않았다.

우유를 먹어야 한다는 입장과 먹지 말아야 한다는 입장에서 주장하는 바는 대부분 '과학적'인 근거를 갖고 있다. 그럼에도 불구하고 전혀 상반되는 주장이 나오는 이유는 무엇일까?

그것은 소위 '과학'이라고 하는 것의 방법론에 문제가 있기 때문이다. '과학', 정확하게는 근대 서양의 '과학'에는 '다른 조건이 변하지

'완전식품' 우유. 정말 완전한 식품일까?

않는다면ceteris paribus'이라는 전제가 있다. 예를 들어 서양의 근대경제학에는 수요공급 곡선이라는 것이 있다. 상품의 가격과 거래량의 변화에 따라 수요와 공급의 균형이 어떻게 결정되는지를 알아보는 곡선이다. 이 곡선이 성립되기 위해서는 가격과 거래량 이외의 모든 조건은 동일하다, 변하지 않는다는 전제가 필요하다. 그렇지 않으면 이 곡선은 성립되지 않는다. 아니 출발 자체가 불가능하다.

이 곡선은 현실에서 그대로 나타나는 경우가 없다. 왜냐하면 수요와 공급은 단순히 가격과 거래량에 의해서만 결정되는 것이 아니기 때문이다. 거기에는 자연이라는 조건은 물론 역사적인 조건 등 다양한 변수가 있을 수 있다. 그럼에도 이 곡선이 중요한 것은 시장의 균형점을 '법칙적으로' 알 수 있게 한다는 점 때문이다.

'과학'은 연관의 배제로부터 시작한다. 분석의 대상이 되는 어떤 사물은 다른 사물과의 연관을 배제한 것이어야 한다. 또한 한 사물에 있어서도 현실의 사물은 질과 양이 분리될 수 없는 것임에도 불구하고 '과학'은 질을 배제한다. 질을 대상으로 할 경우에도 그것은 이를테면 양적인 구조로 환원된 질일 뿐이다. 이런 관점을 환원주의라고 한다. 이렇게 환원된 부분에 의해 전체가 결정된다고 주장하게 되면 이는 결정론이 된다. 환원론과 결정론의 문제를 해결하기 위해 다시 부분을 합해나가는 과정(이를테면 상향의 과정)을 밟는다고 해도 부분의 합은 전체가 될 수 없다(최종덕, 『부분의 합은 전체인가』).

또한 '과학'에서 문제가 되는 것은, 어떤 연관을 배제할 것인가 하는 문제가 대부분 연구자의 연구 목적에 따라 결정된다는 점이다. 극단적으로 말하면 어떤 결과를 얻고자 하는가에 따라 배제되는 연관이 달라질 수 있다는 말이다. 그리고 연구목적은 대부분 자본의 이익을 위한 것이다. 자본의 이익에 반대되는 연구는 연구비를 받지 못할 뿐만 아니라 그런 연구를 지속하는 과학자는 생계 자체가 불가능하거나 어려워진다. 우유를 둘러싼 '과학적' 논란의 바탕에는 바로 이러한 과학의 근본문제가 들어 있다.

과학은 그 자체로 초역사적이거나 객관적인 것이 아니다. 과학 역시 다른 모든 것과의 연관 속에서 존재한다. 특히 우유와 같이 경제적 이해관계가 첨예하게 작용하는 대상인 경우, 우유에 대한 '과학적' 연구는 결코 현실의 이해관계로부터 자유롭지 않다. 이것이 바로 '과학'에 대한 근본적인 문제가 제기되고 있는 이유이며, 더불어 우유에 대해 저마다 '과학'을 내세워 서로 상반되는 주장을 펴는 이유이고 애꿎은 논란의 중심이 된 이유다.

오늘날 진화론이 힘을 얻고 있는 것은 '과학'의 방법에 역사를 도입했기 때문이다. 곧 분석 대상이 맺고 있는 역사적 연관, 나아가 문화적 연관을 고려했기 때문이다. 또한 진화론은 필연적으로 자연과 다른 개체와의 연관 역시 분석의 전제로 한다. 물론 여기에도 환원론적인 관점이나 결정론적인 관점이 섞여 있다. 그러나 진화론은 보다 더 많은 연관을 갖는 과학의 시작이다.

인류가 쌓아온 과학 중 이러한 연관을 가장 전형적으로 보여주고 있는 것은 각 지역의 민간요법을 포함한 민속 또는 민족의학folk medicine이다. 이들 근대 이전의 과학은 여러 가지 한계에도 불구하고 적어도 그 지역의 역사와 풍토, 거기 살아가는 사람들의 문화와 체질 등을 포함하여 발달해온 과학체계다. 그리고 적어도 몇 백 년에서 몇 천 년 동안 그 지역의 사람들과 함께 진화해오면서 검증받아온 과학이다.

더 이상 우유를 다른 것과의 연관이 배제된 '과학'으로 단정하는 어리석음을 범해서는 안 된다. 우유 역시 다른 것과 마찬가지로 그 지역의 사람들과의 관계 속에서 진화해왔다. 그리고 이런 측면에서의 우유에 대해 가장 온전한 이해를 갖고 있는 것은 바로 전통과학이다. 공동체를 위한 건강에서 전통문화와 전통과학이 중요한 것은 바로 이런 이유 때문이다.

냉장고를 다시 생각한다

냉장고는 더운 여름은 물론 추운 겨울에도 필요하다. 얼리지 않고도 적절한 온도에서 음식을 보관할 수 있기 때문이다. 냉장의 역사는 아주 오래된 것이어서 우리나라의 경우, 삼국시대에 '석빙고石氷庫'라는 기록이 나온다. 이는 문자의 기록일 뿐 실제 냉장의 역사는 훨씬 앞서 인류가 제사 또는 장례를 지내면서부터 시작되었을 것이다. 이렇게 보는 이유는, 석빙고의 '고庫'는 그냥 창고가 아니라 제사용품이나 무기 등을 보관하는 곳이었고 여름에 사람이 죽으면 얼음을 넣어 장사지낸다는 기록이 보이기 때문이다(『삼국지』 위지동이전 부여편).

전근대 사회에서 제사는 전쟁과 더불어 국가의 가장 중요한 일이었기 때문에 일찍부터 냉장에 대한 필요가 생겼던 것이다. 지금도 남아 있는 석빙고는 조선시대까지 중요한 냉장 수단이었다. 이때의 냉장은 주로 겨울에 얼음 덩어리를 캐서 지하에 보관하는 방식이었다. 석빙고는 온도 변화가 적은 반지하 구조로, 한쪽이 긴 봉토 고분 모양이며 바깥 공기를 줄이고 동쪽에서 비추는 햇볕을 막기 위해 출입구의 동쪽이 담으로 막혀 있고 지붕에는 환기를 위한 구멍이 뚫려 있다. 지붕은 이중 구조로 되어 있는데, 바깥쪽은 단열 효과가 높은 진흙으로, 안쪽은 열전달이 잘되는 화강암으로 만들었다. 천장은 아치형으로 다섯 개의 기둥에 장대석이 걸쳐져 있고, 장대석이 걸친 곳에는 밖으로 통하는 환기 구멍이 세 개가 나 있다.

이 구멍은 아래쪽이 넓고 위는 좁은 직사각형 기둥 모양인데, 이렇게 함으로써 바깥에서 바람이 불 때 빙실 안의 공기가 잘 빠져 나온다. 곧 복사열로 데워진 공기와 출입구에서 들어오는 바깥의 더운 공기가 지붕의 구멍으로 빠져나가기 때문에 빙실 아래의 찬 공기가 오랫동안 머물 수 있어 얼음이 적게 녹는 것이다(윤용현, 『전통 속에 살아 숨 쉬는 첨단 과학 이야기』).

그러나 이런 것은 왕족이나 고관대작과 같은 지배층에게만 적용되었던 것이고 아무래도 냉장이 대중화된 것은 1913년 미국에서 만들어진 전기냉장고가 가정에 보급되면서부터다(냉동실과 냉장실이 구분된 냉장고는 1939년, 국산화는 1965년이었다).

냉장고가 만들어낸 변화는 우리가 생각하는 것 이상으로 큰 것이었다. 첫째는 시장을 보러 가는 시간이 줄었다. 과거에는 거의 매

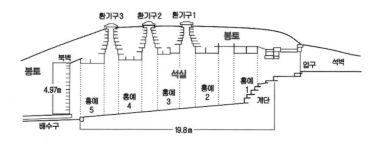

석빙고의 횡단면도

일 장을 봐야 했던 데에 비하면 엄청난 가사노동 시간의 절약이 가능해졌다. 이로써 가사노동에서 해방된 여성의 노동력을 저렴하게 공급할 수 있게 하였다. 둘째는 위생의 개선이다. 냉장고로 음식이 상하는 것을 막을 수 있어서 식중독과 같은 병을 크게 줄일 수 있었다. 셋째는 먹는 음식이 다양해졌다. 자기가 사는 곳에서 나지 않는 음식이나 계절과 상관없이 먹을 수 있는 음식의 종류가 늘어나기 시작했다.

이중에서 세 번째 변화가 가장 중요한 변화인데, 냉장고는 특히 농축수산업에서 저장과 유통의 문제를 해결하여 자본의 영역을 크게 넓혔기 때문이다. 이는 자본의 이윤 창출이라는 과제를 일국 내에 한정되지 않고 세계적 차원에서 실현시킴으로써 소비자-노동자가 먹을 수 있는 음식의 범위 역시 세계적 차원으로 넓혀놓았다. 이러한 변화는 세계 각국의 산업구조에도 변화를 가져왔다. 과거의 식민지는 주로 자연자원과 노동력이 착취의 대상이었지만 이제 식민지는 제국주의 본국의 식량 공급원이나 무역을 위한 생산지, 그리고 제국주의 본국의 잉여 농축산물의 소비지로 재편되었다. 이에 따라 식민지의 경제구조가 파행적으로 바뀌었다.

이런 사정은 식민지 해방 이후에도 크게 달라지지 않았을 뿐만 아니라 신자유주의 하에서 더욱 강화되는 경향이 있다. 이 과정에서 단일경작이나 화학비료와 농약의 사용, 유전자 조작 등 생태계의 파괴 역시 구조화되었다. 이에 따라 식민지의 식량자급률이 낮아지고 농경사회의 가장 큰 특징인 자기완결구조를 갖지 못하게 되었다. 우리나라의 경우, 식량자급률은 2018년 기준으로 약 47퍼센트 정도에 머물고 있다(이하 정부 발표 자료). 사료용을 포함한 곡물자급률은 더욱 낮아 약 23퍼센트 정도다. 특히 밀과 옥수수 등 미국의 주요 농산물의 경우에는 0퍼센트 대에 머물고 있다. 이는 식량 안보의 차원에서만이 아니라 우리의 건강에 직접적인 영향을 미친다는 점에서 중요하다.

음식이 다양화된다는 것은 보통 다양한 영양소를 먹게 된다는 말로 생각한다. 그리고 다양한 영양소를 골고루 먹게 되면 건강할 것이라고 생각한다. 그러나 사람은 물론 모든 생명은 자연, 넓게 말하자면 생태계와의 관계 속에서 진화해왔다. 자신이 맺고 있는 관계를 통해 초식동물과 육식동물, 잡식동물이 나뉘고 그중에서도 다시 복잡한 갈래가 생겼다. 사람만 놓고 보아도 유목사회와 농경사회, 추운 곳과 더운 곳, 산악이나 평야, 또는 바닷가 등 사는 곳과의 관계에 따라 체질이 달라지고 이에 따라 각 개인 또는 각 집단에 따라 각기 다른 음식을 먹게 되었다.

여기에 몸과 음식과의 관계를 최적화하기 위한 요리가 더해진다. 그러므로 사람이 먹는 음식은 인체라는 기계를 움직이기 위한 단순한 물질이 아니다. 음식은 생명의 탄생에서부터 현재를 살아가는 몸에 이르기까지의 모든 진화 과정에서 점차로 형성된 것, 최적화된 것이며 그러므로 거기에는 그 몸이 속한 사회의 역사와 문화가 들어 있는 것이다. 나라마다, 지역마다, 집안마다, 사람마다 먹는 음식이 다르고 맛이 다른 이유가 바로 여기에 있다. 그래서 사상의학을 만든 이제마李濟馬는 "지방地方을 맛본다"고 하였다. 특정 지역에 사는 사람이 먹는 음식으로 그 사람의 몸, 나아가 체질까지 알 수 있다는 말이다.

냉장고가 일반화되기 전에는 냉장으로 인한 문제가 그렇게 크지 않았다. 고기와 같은 음식은 오래 둘 수도 없었고 또 그렇게 두지도 않았기 때문이다. 음식은 상하기 전에 먹는 것이기 때문이다. 그러나 대량생산과 대량소비의 자본주의하에서 냉장고는 무한한 이윤 창출을 위한 도구가 되고 급기야는 인류의 진화 과정에서 맺어온 음식과의 관계를 단절시키는 무기가 되었다.

다양한 음식을 먹을 수 있다거나 제철이 지나서도 먹을 수 있다거나 다른 지역의 음식을 맛볼 수 있다는 것이 반드시 좋은 것만은 아니다. 때로 그런 음식은 심각한 부작용을 가져올 수 있다(사냥을 하지 않고 슈퍼에서 파는, '영양학적으로' 거의 완벽한 음식을 먹고 난 뒤에 변한 에스키모의 현재 모습을 보라). 냉장고를 통해 인류의 역사와 문화를 반성할 수 있으며 나아가 새로운 공동체의 먹을거리는 어떠해야 하는지를 가늠해 볼 수 있을 것이다.

음식이란 무엇인가

음식은 먹을 수 있는 것이다. 먹을 수 있다는 것은 입으로 씹거나 마셔서 목구멍으로 넘길 수 있는 것이다. 너무 딱딱하거나 질겨서 씹을 수 없고 너무 커서 삼킬 수 없으면 음식이 아니다. 또한 음식은 먹을 수 있을 뿐만 아니라 먹고 소화하여 몸 밖으로 내보낼 수 있어야 한다. 들어가기만 하고 나가지 않으면 음식이 아니다. 마지막으로 음식은 몸에 들어와 나가는 과정에서 몸과 마음을 살리는 작용을 해야 한다. 몸과 마음에 해가 된다면 그것은 음식이 아니다.

음식은 각기 그 자체의 고유한 특성이 있다[음식 자신과의 관계]. 콩은 콩대로, 팥은 팥대로 자기의 고유한 특성이 있기 때문에 콩이 되고 팥이 된다. 이 특성은 언제 어디서나 똑같이 드러나지 않는다. 음식도 모든 것과의 총체적 관계 속에 있기 때문이다.

음식의 고유한 특성은 먼저 다른 자연과의 관계 속에서 드러난다[음식과 자연 사이의 관계]. 해와 물과 바람이 어떠한가에 따라, 토양이 어떠한가에 따라 같은 콩이라고 해도 서로 다른 콩이 자란다. 그러므로 음식을 기르는 일은 그 음식을 통해 우주와 관계를 맺고 우주의 질서를 다스리는 일이다.

음식의 특성은 요리를 통해서도 다르게 드러난다. 요리는 음식과 자연과의 관계를 인위적으로 바꾸는 일이다. 요리는 음식에 물과 불, 그리고 시간을 더함으로써 음식 자체의 특성을 바꾸는 일이다. 요리는 단순히 맛을 변화시킬 뿐만 아니라 먹을 수 없는 것을 먹을 수 있게도 하고 먹을 수 있는 것은 더 잘 먹게도 한다. 두 개 이상의 음식이 요리를 거치게 되면 그 음식은 다른 음식 사이의 관계를 통하여 자신의 특성을 바꾸게 된다[음식과 음식 사이의 관계]. 그래서 어떤 음식끼리는 서로의 특성을 더 높여주기도 하고 반대로 없애버리기도 한다. 서로 다른 음식이 만나 전혀 다른 특성이 나오기도 한다. 그러므로 요리는 단순한 혀의 감각이 아니라, 음식과 음식이 맺고 있는 우주와의 연관을 다스리는 일이다.

마지막으로 음식은 몸과의 관계를 통해서 자신의 특성을 드러낸다[음식과 몸 사이의 관계]. 몸에는 연령이나 남녀, 체질과 같은 차이가 있어서 그 차이에 따라서도 음식의 특성은 다르게 드러난다. 그래서 똑같은 음식이라고 해도 어떤 사람은 먹어서 이롭기도 하고 해롭기도 하다. 그러므로 음식을 먹는다는 것은 음식이 맺고 있는 우주와의 연관을 먹는 일이면도 동시에 또 하나의 우주인 내 몸을 다스리는 일이다.

그리고 이러한 모든 과정이 이루어지는 외적 조건으로서 사회경제제도와 문화가 있다. 어떤 경제 제도 속에서 어떻게 생산하고 유통하고 소비하느냐에 따라서도 음식은 자신의 특성을 바꾸게 된다[음식과 사회와의 관계]. 예를 들어 커피는 제사를 위한 신성한 음료에서 악마의 음료가 되기도 하고 지배자의 음료가 되기도 하며 지배자의 문화에 사로잡힌 피지배자의 음료가 되기도 한다. 그러므로 음식을 생산하고 유통하는 일은, 사회는 물론 그 사회의 역사와 문화를 만드는 일이다.

음식이 무엇인지를 안다는 것은 이러한 관계를 안다는 것이다. 음식이 맺고 있는 음식 자신과의 관계, 우주와의 관계, 사람과의 관계, 사회와의 관계를 안다는 것이다.

음식이 무엇인지를 아는 방법에는 여러 가지가 있다. 그중의 하나는 다른 모든 연관을 배제하고 음식 자체의 특성을 아는 것이다. 근대 서양과학의 방법이 그러하다. 모든 음식을 단백질, 지방, 탄수화물, 기타 미네랄 등으로 나눈다. 이러한 분석에는 다른 모든 연관이 배제되어 있기 때문에, 마찬가지 방법으로 분석된 다른 음식과의 관계를 하나씩 다시 연관지어나가야 한다. 분석과 종합의 과정을 거쳐야 하는 것이다. 분석에만 그치거나 부분적인 연관에 그쳐서는 온전한 현실의 구체적 과학이 될 수 없다. 마르크스는 이를 하향과 상향이라는 방법론으로 정식화했다.

그러나 이는 음식 자체에 대한 것에 불과하다. 이제부터 음식과 자연, 음식과 다른 음식, 음식과 몸, 음식과 사회의 관계에 대해서도 같은 과정을 반복해야 한다. 그런 다음 이를 전체적으로 종합하는 과정이 있어야 온전하게 음식에 대해 알 수 있게 된다.

반면에 관계 자체를 앎의 대상으로 하는 방법도 있다. 그것이 바로 기와 음양오행의 인식 방법이다. 마실 수 있는 '음飲'과 씹을 수 있는 '식食'으로 나누는 것처럼 음식을 음양으로 나누는 것은 이러한 연관을 알기 위한 하나의 방법, 한 마디로 기의 방법론이다.

기의 방법론이 성립하기 위해서는 모든 것이 하나의 기라는 전제가 필요하다. 그것이 동물이든 식물이든 무생물이든, 시간과 공간, 사건 등이 모두 하나의 기이다. 이를 기일원론이라고 부를 수 있는데, 기일원론의 세계에서 사물은 고립된 실체가 아니라 하나의 기가 음양으로 나뉘어 온갖 것들이 관계를 가지면서 서로 힘을 주고받으면서 생겨나는 과정이 된다.

그것이 음인지 양인지는 연관이 배제된 실험실이 아니라 전체와의 연관 속에서 서로 작용을 주고받아 생기는 사물의 변화를 통해서 알게 된다. 서로가 서로에게 어떤 힘을 미쳐서 어떤 변화가 생겼는지를 보고, 또는 느껴서 아는 것이다. 이러한 방법은 부분이 맺고있는 전체와의 연관을 놓치지 않는 대신 부분의 구조에 대해서는 알지 못한다. 이러한 부분과 전체, 분석과 종합, 개체와 관계 사이의 긴장이 우주와 생명의 역사를 통해, 그리고 문화와 함께 진화해왔음을 밝힌 것은 다윈이다.

그러나 더 보편적이고 일반적인 방법, 보통 기술에 숙달된 사람들이 흔히 쓰는 방법이기도 한데, 관계 전체를 앎의 대상으로 하는 방법이 있다. 이는 『장자』의 포정庖丁처럼 눈이 아니라 신神으로 아는 방법이다. 여기에서 '신'은 인간에 있어서 생명현상의 총체인데, 이를 정신에 한정하여 보면 무의식에 해당한다고 볼 수 있을 것이다.

전형적인 예를 다음과 같은 한 광고'쟁이'의 글에서 볼 수 있다. 그의 광고 아이디어 도출은 4단계를 거친다. 첫째는 축적이다. 팩트란 팩트는 모조리 쓸어 담고 저장한다. 둘째는 사고다. 곰곰이 생각한다. 마음의 입으로 충분히 음미한 다음 머릿속으로 이리저리 굴

려본다. 셋째는 잉태다. 산고를 겪는 중이지만 스스로는 알 수 없다. 더 이상 생각이 나지 않을 때 무의식을 자극하는 최고의 방법은 '생각을 멈추는 것'이다. 넷째는 희열이다. 찾았다. 아이디어가 샘솟기 시작한다. 미처 다 받아 적을 수가 없을 정도다(헬 스테빈스, 『카피공부』 원서의 초판은 1957년).

공동체에서 먹어야 할 음식은 우주와 사회와 사람의 몸과의 연관 속에서 존재하는 음식이다. 그런 연관 속에서 파악된 음식이다. 보통 사람들이 그런 음식이 무엇인지 알기는 거의 불가능해 보인다. 그러나 모른다고 해서 음식을 먹지 못하게 될 것인지, 새로운 맛을 볼 수는 없는 것인지 걱정할 필요는 없다. 자본의 이윤추구를 위한 음식이 광풍처럼 휩쓸고 있지만 공동체가 먹어야 할 음식은 다행히 오랜 역사를 지닌 가족이나 지역 공동체가 먹고 있는 음식 속에 지금도 보존되어 있기 때문이다. 그저 전통적인 음식과 방식을 따라 먹으면 된다. 그러면 그 속에서 또 새로운 창조가 나올 것이기 때문이다.

왜 돼지고기는 식으면 맛이 없을까

맛에서 온도는 매우 중요한 요인 중의 하나다. 커피를 예로 들어보면, 뜨거울 때는 쓴맛, 약간 식었을 때는 신맛, 다 식었을 때는 단맛이 많이 난다고 한다. 그래서 커피를 좋아하는 사람 중에는 뜨거울 때 다 마시지 않고 조금씩 식혀 가면서 마시는 사람도 있다.

돼지고기로 수육을 만들어 먹는 경우에도 뜨거울 때는 돼지고기 특유의 고소한 맛이 나지만 식으면 식감부터 나빠지고 비린내가 나거나 별 맛을 느끼지 못하게 된다. 그래서 돼지고기나 돼지기름을 많이 쓰는 중국음식은 대부분 식으면 맛이 없다. 그래서 어떤 사람은 짜장면 하나도 절대 시켜먹지 않고 반드시 중국집에 가서 먹는 사람도 있다. 이런 차이는 왜 생기는 것일까?

한의학에서는 음식 역시 하나의 기로 본다. 그런데 음식은 매우 다양하다. 그 다양함 역시 기의 차이로 본다. 그래서 각각의 음식에는 음식마다 고유한 자기의 기가 있다고 보는 것이다. 그리고 음식마다의 차이를 알기 위해 기를 다시 기氣와 미味로 나눈다. 여기에서 처음 말한 기는 일반적인, 넓은 의미에서의 기이고 두 번째 말한 기는 좁은 의미에서의 기이다. 좁은 의미에서의 기는 차고 더운 것을

말한다. 그런 기에는 차가운 기와 더운 기가 있다. 더 나누면 한열온
량寒熱溫凉이다. 미味는 우리가 대체로 혀로 느끼는 맛이다. 그러나 혀
에서 느끼는 것만이 아니라 그것이 몸에 들어가 어떤 효과를 미치는
가, 어떤 힘을 미치는가에 따라 나뉘는 맛이다. 그래서 예를 들면 인
삼은 혀로 맛보았을 때는 약간 쓴맛이 나지만 그것이 몸에 들어가면
비위의 기를 튼튼하게 해주는 힘이 있기 때문에 인삼은 오행의 토土
에 해당하는 맛인 단맛이 난다고 말한다.

　　마찬가지로 음식의 기가 '차다'거나 '덥다'라는 말도 그 음식이
갖고 있는 물리적인 온도만을 의미하지는 않는다. 음식의 온도도 포
함되지만 온도보다는 그 음식이 몸에 들어가 몸을 덥게 하는가 차게
하는가가 더 중요하다. 몸을 차게 만든다는 것은, 그것을 먹어서 추
위를 느끼는 것만을 뜻하는 것이 아니다. 예를 들어 어떤 음식을 먹
고 설사를 한다든지, 목이 마를 경우에도 물을 먹으려 하지 않는다

음식도 하나의 기다.
그 기가 도움이 되려면 온도를 맞히는 것이 중요하다.

든지, 뜨거운 음식이나 따뜻한 곳을 좋아한다든지, 소변이 맑고 많이 나오는 등의 상태가 된다는 것을 말한다.

반면에 '덥다'는 것은 몸에서 열이 나는 것은 물론 변이 굳어 변비가 된다든지, 목이 말라 물을 많이 먹는다든지, 찬 음식이나 찬 곳을 찾는다든지, 소변이 적고 붉어진다든지 하는 상태가 되는 것이다. 그래서 더운 기를 갖고 있는 마늘은 아무리 얼려 먹어도 몸을 덥게 하며 찬 기운을 갖고 있는 메밀은 끓여 먹어도 몸을 차게 만든다.

그러나 음식 자체의 온도도 중요하다. 얼린 마늘은 여전히 몸을 덥게 하지만 얼리지 않은 마늘에 비해 몸을 덥히는 힘이 덜하다. 반면에 찬 기를 갖는 음식도 따뜻하게 먹으면 찬 기운이 줄어든다. 예를 들어 우유는 찬 음식인데, 이를 끓여서 따끈하게 먹으면 찬 기운이 줄어들어 설사와 같은 찬 기운을 줄일 수 있다. 그래서 너무 찬 것은 덥게, 너무 더운 것은 차게 하는 것, 그렇게 함으로써 몸에 미치는 치우친 작용을 줄여 음식끼리의 균형은 물론 몸과의 균형을 맞추게 하는 것, 이것이 바로 요리다.

약보다는 덜하지만 음식도 모두 치우친 기와 미를 갖고 있다. 이를 조절하려는 것이 요리다. 기의 관점에서 볼 때 음식에 열을 가하거나 찬 기운을 가하는 것은 바로 이러한 목적 때문이며 이렇게 요리된 음식을 먹음으로써 몸을 온전하게 기를 수 있는 것이다. 그리고 우리가 보통 '맛있다'라고 느끼는 것은 바로 이런 음양의 조화가 잘 된 음식을 먹고 느끼는 몸의 반응이다.

반면에 차거나 더운 기운을 더 강하게 하여 그 치우침을 맛있게 여기기도 한다. 예로 미지근한 냉면을 맛없게 여기는 것이 그것이다. 냉면은 찬 메밀로 만들기 때문에 요리를 할 때는 찬 기운이 지나칠 것을 염려하여 더운 겨자나 고추 등을 약간 넣는다. 그럼에도 냉면은 겨울에 속을 차게 하기 위해 먹는 것이므로 메밀의 찬 기운을 더욱 차게 하기 위해 차게 해서 먹는다.

찬 기운이 많은 녹차綠茶를 차게 식혀서 먹는 것도 그런 예이다. 찬 기운을 더 강화하기 위한 것이다. 그러나 이런 음식은 그 치우침이 크기 때문에 오래 늘 먹을 수는 없다. 일시적인 효과가 필요한 경우 이외에는 바람직하지 않다. 또한 냉면을 겨울에 먹는 이유는, 몸 밖이 차기 때문에 상대적으로 더운 몸 안을 차게 하여 몸 밖과 안의 온도 차이를 줄여서 추위를 덜 느끼게 하려는 것이다. 또한 찬 기운으로 땀구멍을 막아 추위가 들어오기 어렵게 만들기 위한 것이다. 그래서 냉면을 겨울에 차게 해서 먹는 것은 바람직한 일이다. 그러나 이것도 가끔이다.

겨울과는 정반대의 상황이 되는 여름에 찬 냉면을 먹으면 몸 안과 밖의 온도 차이는 더 커지게 되고 땀을 내보내야 하는 땀구멍이 막혀 땀도 잘 나오지 않게 된다. 가장 나쁜 경우다.

우리가 중국음식이 식으면 맛이 없다고 느끼는 것은, 중국요리에는 찬 기운을 갖고 있는 돼지고기나 기름을 많이 사용하기 때문에 찬 기운을 중화시키는 열이 있을 때 더 맛있게 여기게 되고, 식으면 찬 기운이 너무 강해져서 맛이 없다고 여기게 되기 때문이다. 맛이 있다 없다는 기준은 진화의 결과다. 그래서 몸의 유지와 재생산에 좋지 않은 영향을 주는 것은 맛이 없다고 여기게 된다. 이는 그 몸이 살아가는 자연조건과 역사적 조건에 따라 달라지며 몸 자체의 조건에 따라서도 달라진다. 그래서 몸이 찬 사람은 시원한 맥주를 냉장하지 않고 실온에 두었다가 먹거나 더 따뜻하게 덥혀서 먹기도 한다. 반면에 몸이 더운 사람은 거의 얼릴 정도로 해서 먹어야 맛있다고 여긴다.

음양의 기만이 아니고 오미五味라고 하는 미味 역시 그것을 맛있게 여기는 데에는 개인마다 차이가 있다. 예를 들어 평소 신 것을 먹지 않던 사람이 임신한 다음부터 유난히 신 것을 찾는 경우가 있다. 이는 신 것을 먹어서 임신 초기에 필요한 목木(발생하는 힘)의 기운을 얻으려는 것이다. 이처럼 자신의 몸 상태, 더 구체적으로는 오장의 상태에 따라 몸에 필요한 미를 얻으려는 것이기 때문에 입맛은 자연스럽게 변한다. 계절과 같은 자연조건, 역사와 문화라는 조건 역시 영향을 미친다.

맛있는 음식은 고정된 것이 아니다. 오히려 고정된 맛은 몸의 균형을 더 파괴하게 만든다. 그러므로 남들이 맛있다고 하는 음식을 찾아다니는 것은 내 몸의 균형을 파괴하기 위해 노력하는 일일 뿐이다. 나에게 필요한 기와 미를 찾으면 되는 것이다. 그러기 위해서는 '허무虛無한 입맛'이 필요하다.

허무한 입맛이란 어느 하나에 집착하지 않는 입맛을 말한다. 혀에서의 맛이 아니라 음식이 본래 갖고 있는 음식 고유의 기를 알아내고 내 몸에서 필요로 하는 기를 알아내는 입맛이다. 자연과 사회에 따라 변하는 입맛이다. 이것이 바로 허무한 입맛이며 또한 공동체에서 요구되는 입맛이다. 그러므로 그런 허무한 입맛으로 고른 음식이라면, 또한 그런 관점에서 만든 음식이라면 그걸 두고 '세 치 혀의 맛'을 갖고 왈가왈부해서는 안 된다.

간장에서 소금으로

내 어릴 적 기억 속의 소금은 쌀가마니에 담긴 것이었다. 어두컴컴한 광에 쌓아놓은 가마니 밑에 나무막대를 받쳐두면 짠 내 나는 물이 흘러나왔다. 김장때면 가마니 속의 굵은 소금을 바가지로 퍼서 배추에 뿌렸다. 된장이나 고추장을 담글 때도 굵은 소금을 뿌렸다. 아이들은 밤에 오줌을 싸면 키를 쓰고 이웃집에서 소금을 얻어오기도 했다. 그 이외에 소금을 접할 일은 별로 없었다.

그러다가 70년대가 지나면서 소금을 자주 볼 수 있었다. 무엇보다 식탁에 자주 올라왔다. 전에는 밥상 한 가운데는 반드시 조그만 간장 종지가 앉아 있었지만 어느새 그 자리를 소금이 차지했다. 이런 변화는 우연히 생긴 것이 아니라 70년대에 본격화된 우리나라의 자본주의화와 깊은 연관이 있다.

70년대는 경제개발계획에 따라 농촌의 노동력이 대거 도시의 공장으로 유입되어야 했다. 자본의 입장에서는 아직도 봉건의 잔재에 묶여, 농촌의 공동체에 매몰되어 있던 개인들을 사회화할 필요가 있었다. 특히 값싼 노동력을 제공하는 여성 노동력을 사회화할 필요가 있었고 이에 따라 여성들이 담당하던 음식도 사회화시킬 필요가 있었다. 급격한 노동의 사회화가 진행되면서 지어진, 노동자를 수용할 연립주택과 같은 '양옥'이나 아파트는 전통 음식을 해먹기에 적합하지 않았다. 그런 집들은, 김치는 물론 간장과 된장을 만들 수 있는 공간이 아니었다. 전통 음식을 만드는 공간 대신 노동력의 재생산을 위한 '침실'이 밀폐된 공간으로 제공되었다.

정부는 건강을 위한 식생활 개선을 외치며 '국민'에게는 '근대화된' 레시피를 제공하였다. 각종 언론에서는 '간편하게' 해먹을 수 있는 요리가 인기를 끌었다. 대학에서도 서구식 식단을 중심으로 강의되고 연구되었다. 이에 따라 간을 맞추기 위해서는 간장이나 된장 또는 젓갈이 아니라 소금이 사용되었다. 소금은 간장처럼 오랜 시간 발효를 시킬 필요도 없고 항아리나 가마니 같이 공간을 넓게 차지할 필요도 없었다. 소금은 이렇게 식탁의 주인공으로 자리 잡게 되었다.

그러나 시간이 지나면서 노동력의 재생산에 문제가 생겼다. 과거에는 큰 문제가 아니었던 고혈압이나 당뇨와 같은 병이 늘어난 것이다. 이때 마침 소금이 고혈압의 주범이라는 '과학적' 논문도 발표되었다. 이제 소금은 천덕꾸러기가 되었다. 소금은 건강의 '주적'이 되어 모든 죄를 뒤집어썼다.

그러나 다른 나라의 경험에서 알 수 있듯이, 식민지 또는 그런 조건의 사회에서 근대화에 따른 각종 만성 질환의 발생은 대부분 전통적 식생활을 하지 않고 근대적 공장에서 생산된 음식을 먹기 때문에 온다. 급격한 식생활의 변화 때문에 과거에는 크게 문제되지 않았던 병이 유행하고 알 수 없는 새로운 병이 생긴다.

그러나 자본의 입장에서는 음식의 사회화를 버릴 수 없다. 음식이 다시 전통으로 돌아간다면 음식의 생산을 위한 노동력이 빠져 나가므로 노동력의 공급이 줄어들고 따라서 임금이 올라간다. 음식으로 이윤을 남기던 자본의 입장에서는 직접적인 손해가 발생한다. 무엇보다도 이러한 변화는 도시화에 역행하는 것이다. 그러다가는 도시 자체가 붕괴될 수도 있다. 그러면 자본주의도 무너진다. 우리가 별생각 없이 먹고 있는 음식이 한 사회를 유지하거나 붕괴시키는 근원적인 힘이었던 것이다. 예를 들어 어떤 사회가 그 사회에서는 생산되지 않는 곡식으로 주식을 바꾸게 되면 기존에 그 곡식을 생산하던 사람들은 하루아침에 일자리가 없어지게 되며 사람들은 바뀐 곡식을 먹기 위해 일을 해야 하고 그렇게 번 돈으로 수입한 곡식을 사먹어야 한다. 바뀐 곡식을 수입하는 사람이 생길 것이며 이를 유통하는 사람이 생길 것이다. 이제 곡식에 대한 주도권은 생산하는 사람이 아니라 수입과 유통하는 사람에게 넘어간다. 물론 궁극적으로는 그 곡식을 수출하는 나라에 넘어간다. 동학혁명 때 "밥을 하늘"이라고 한 것은 상징적인 선언이 아니었다. 밥이 바뀌면 하늘이 바뀐다.

소금과 나트륨

아마도 80년대쯤으로 기억되는데, 우리나라 사람들이 짜게 먹는다는 소리가 자주 나왔다. 당연히 고혈압과 위궤양과 같은 말도 같이 나왔다. 그런 말을 들으면서 두 가지 기억이 선명하게 떠올랐다. 하나는 70년대 초반으로 기억하는데, 처음 라면을 먹었을 때였다. 라면 봉지에는 물을 몇 밀리리터 넣으라고 되어 있었지만 내게는 계량컵이 없었다. 눈대중으로 물을 넣은 터라 생각보다 물을 지나치게 많이 넣었던 것 같았다. 그래도 반찬 없이 먹을 수 있을 만큼 짰다. 또 하나의 기억은 90년대 초반, 미국 식당에서 처음 음식을 먹었을 때였다. 무슨 스테이크 같은 것이었는데 매우 짰다. 밥도 없어서 먹기 힘들었다. 햄버거나 닭튀김이나 모두 짰다. 대부분의 미국 과자는 너무 짜서 아예 먹을 수가 없었다. 육식동물들이 초식동물보다 소금 섭취가 많다는 사실은 뒤에 알았다.

소금섭취량과 몸과의 관계는 기계적으로 나트륨을 몇 그램 먹었는지 하나만 갖고 판단하기 어렵다. 나트륨을 먹는다고 해도 나트륨과 함께 다른 무엇을 먹는지 역시 중요하기 때문이다. 대표적인 것이 칼륨이다. 된장찌개(나트륨)에 감자(칼륨)를 넣어 먹고 햄버거

(나트륨)에 토마토(칼륨)를 넣어 먹는 것이 단순한 맛 때문만이 아니었던 셈이다. 그러나 이 역시 나트륨 칼륨 대사의 과정에 한정해서 보면 안 된다. 나트륨이든 칼륨이든 다른 모든 것들과 관계를 맺으면서 끊임없이 변화하고 있다.

그런데 여기에서 주의해야 할 점은, 감자에 칼륨이 많기 때문에 된장찌개에 넣는 것이 아니라 전통적으로 먹던 것을 분석해보니 그렇다는 것을 알게 되었다는 점이다. 그것도 나트륨과 칼륨이라고 하는 일면과 부분의 분석을 통해서 알게 되었다는 점이다. 그럼에도 이를 거꾸로 생각하는 사람들이 있다. 나아가 그런 일면적 부분적 분석을 전면적인 진리로 생각하는 사람들이 있다.

과거에는 토마토가 없었기도 했지만 토마토가 흔한 지금도 사람들은 된장찌개에 토마토를 넣어 먹지 않는다. 이는 단순히 습관에 따른 입맛의 차이 때문이 아니다. 된장찌개에는 감자만이 아니라 다른 채소가 들어가기도 하며 파 마늘을 비롯한 다른 양념도 들어간

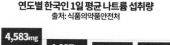

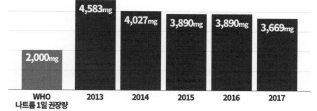

한국은 나트륨 과다 섭취의 나라다.
나트륨과 어떻게 관계해야 할까?

밥상을 바꾸면 세상이 바뀐다

다. 그리고 이것을 동시에 또는 시간차를 두고 여러 재료를 넣어가면서 끓인다. 이렇게 만들어진 된장찌개는 밀이 아니라 밥과 함께 먹게 되며 여기에 다른 반찬 역시 함께 먹게 된다.

이것이 입에서 침과 섞이고 씹혀서 목구멍을 통해 위로 들어가면 여러 효소들과 만나 소화가 된다. 이런 모든 과정에서 일어나는 변화를 오늘날의 근대과학과 인식 수준에서 알기는 불가능하지만 인류는 원시적 인식과 과학, 그리고 오랜 진화 과정을 통해 된장찌개를 만들어왔고 먹어왔다.

여기에서 주의해야 할 점은, 우리는 소금을 먹어왔지 나트륨을 먹어오지 않았다는 점이다. 자연의 소금은 다양한 미네랄을 포함하고 있다. 소금에 포함된 미네랄은 소금이 만들어진 과정에 따라, 외적 조건에 따라 매우 다양하다. 이는 인삼에도 해당된다. 우리는 다양한 성분을 갖고 있는 인삼을 먹었지 사포닌만 골라 먹은 것은 아니었다. 인삼의 대표적 지표물질인 사포닌이 곧바로 인삼이 아닌 것과 같이 인삼 역시 다양한 성분으로 이루어져 있다.

그리고 또한 주의해야 할 점은, 우리는 소금을 그냥 먹지 않고 대부분 된장이나 간장과 같은 장 종류로 만들어 먹었다는 점이다. 소금은 다른 재료들과 뒤섞여 물과 햇빛과 바람 속에서 오랜 발효과정을 거쳐 다시 변신한다. 그래서 요리를 할 때는 대개 이런 장을 썼지 소금만 직접 넣는 경우는 드물었다. 음식에 곧바로 소금을 넣는 것은 아마도 서양의 음식이 들어오면서부터 시작되었을 것이다. 고기를 구우면서 소금을 직접 뿌려대는 일은 없었던 것이다.

현재의 과학과 기술 수준에서는 소금이나 인삼의 모든 성분을 알 수 없다. 지금까지 알려진 성분만 알 수 있을 뿐이다. 더군다나 그것이 수많은 다른 성분과 만나 어떻게 변화되는지는 더더욱 알 수 없다.

소금은 다른 모든 물질과 마찬가지로 다른 모든 것과의 연관 속에서 이루어지는 운동을 통해 자신의 본성을 실현한다. 사람도 소금과의 연관 속에서 자신의 본성을 실현한다. 소금은 사람에게, 사람은 소금에게 서로의 존재가 자신의 본성을 실현하는 조건이 된다. 이러한 관계는 오랜 진화의 과정을 거쳐 이루어진 것이며 그것은 그 사람이 사는 곳의 지리적 조건과 기후, 풍토 등에 의해 달라진다.

또한 경제구조와 문화에 의해서도 달라진다. 똑같은 사회라고 하더라도 사람의 성별과 연령, 체질의 차이에 따라서도 달라진다. 요리를 어떻게 하느냐에 따라서도 달라진다. 이런 모든 연관을 배제하고 소금 자체, 심하게는 소금도 아닌 나트륨에 대해서만 논의한다는 것은 무의미함을 넘어, '주적'이라는 개념처럼 모든 죄를 소금에 뒤집어씌우려는 음모일 뿐이다. 중세의 마녀를 부활시킨 것뿐이다.

만병의 근원 담 1

담痰은 코나 가래 같은 노폐물을 말한다. 코나 가래는 보이지만 보이지 않는 것은 음飮이라고 하여 보통 담음痰飮으로 붙여서 부른다. 굳이 나누어보자면 담은 진액이 열로 쪄져서 걸쭉하게 된 것이기 때문에 담이라 한 것이고, 음飮은 마신 물이 흩어지지 못해서 병이 된 것이다. 그러므로 담은 걸쭉하고 탁하며 음은 맑다. 이 담은 다음 편에서 보겠지만 중풍이나 암은 물론 온갖 병의 근원이 되는 물질이다.

여기에서 말하는 담은 우리가 흔히 "담 결렸다"고 하는 바로 그 담이다. 담은 별다른 증상 없이 어느 날 갑자기 생긴다. 물론 그러기 위해서는 몸 안에 오랫동안 담이 만들어져 쌓여 있었을 것이다. 담이 만들어지는 이유는 대개 나쁜 것을 많이 먹었거나 나쁜 것을 별로 먹지 않았어도 조금이나마 만들어진 담이 밖으로 나가지 않았기 때문이다.

담을 만드는 대표적인 것으로는 기름진 음식을 들 수 있다. 대부분의 기름을 사용해서 만든 음식이 여기에 해당한다. 고기에 있는 기름은 물론 동물성이나 식물성 기름으로 부친 모든 음식이 담을 만든다. 이중에서도 튀김이 결정적이다. 튀김은 식재료를 기름으로

범벅을 만들 뿐만 아니라 고온의 열을 가하여 뜨거운 기운까지 갖게 한다. '담痰'이라는 글자는 병들어 기댈 녁疒과 불탈 염炎 자를 합해서 만든 글자다. 몸 안에 뜨거운 열이 있어야 담이 생기는데, 튀김은 기름과 더불어 그 자체가 열을 머금고 있다. 담을 만드는 가장 완벽한 요리인 셈이다.

어렸을 적 본인의 경험으로는 제삿날 어쩌다 먹은 부침개 몇 점 때문에 설사를 하곤 했었다. 그만큼 우리 식단에서는 부침도 흔치 않았고 튀김은 더군다나 아주 드문 음식이었다. 그러나 요즈음의 요리는 기름을 이용하여 부치거나 튀기는 일이 많아졌다. 심지어 바삭바삭한 대부분의 과자 역시 튀긴 것이다. 어떤 과자는 튀기지 않고 구웠다는 것을 내세우고 있어서 자세히 들여다보니, 구운 것은 맞는데 반죽에 이미 많은 기름이 들어 있었다. 사정이 이러하다 보니 나 역시 웬만큼 튀김을 먹어도 설사하는 일은 없어졌다. 그만큼 우리가 튀김에 적응하고 있다는 말이다. 그러나 그 적응은 소화과정에서의 적응일 뿐, 담은 과거와 마찬가지로 먹는 대로 끊임없이 만들어지고 있다.

담에는 양파가 좋다.
살짝 볶아서 소금에 찍어 먹자.

기름진 음식은 꼭 기름이 들어가야 하는 것은 아니다. 지나치게 맛이 진한 음식 역시 기름진 음식이다. 요즈음 음식은 매운 것은 너무 맵고 단 것은 너무 달고 짠 것은 너무 짜다. 소위 단맛과 짠맛이 결합된 '단짠단짠'이나, 매운맛과 단맛이 결합된 '매콤달콤'이라는 유행어는 우리 음식이 지나치게 기름지게 되었다는 것을 잘 보여준다.

너무 곱게 갈아서 만든 부드러운 음식 역시 기름진 음식이다. 한 예로 빵을 들어보면, 원래 빵은 서너 가지 이상의 곡물을 거칠게 갈아서 만든 것이다. 그래서 만든 지 약간의 시간이 지나기만 해도 딱딱해서 씹기 힘들 정도가 된다. 그러나 요즈음의 빵은 대개 밀이나 호밀 같은 한 가지 곡식이나 다른 곡식을 조금 넣고 곱게 갈아 만든다. 그런 빵은 먹어보면 보들보들할 뿐만 아니라 시간이 어느 정도 지나도 보드라운 식감이 살아 있다. 보드라운 것은 곱게 갈았기 때문이고 시간이 지나도 보드라운 것은 설탕을 충분히 넣었기 때문이다.

이런 빵은 정확하게는 빵이 아니라 케이크다. 이런 '빵'에 익숙한 사람은 '눈물 젖은 빵'이 왜 먹기 힘든 것인지 상상할 수 없을 것이다. 프랑스 혁명 당시 왕비였던 마리 앙투아네트가, "빵이 없으면 케이크를 먹지"라고 했다지만 요즈음은 대부분의 사람들이 제대로 된 빵을 상상하기도 힘들다. 시중에서 파는 대부분의 '빵'이 사실은 케이크이기 때문이다. 이렇게 곱게 갈았을 뿐만 아니라 맛도 진한 '빵' 역시 기름진 음식이다.

기름진 음식 이외에 술과 담배, 특히 담배 역시 담을 만드는 주요한 원인이다. 그러나 잠자는 시간을 빼고 계속 술을 마시거나 담배를 피지 않는 한 그 위험은 기름진 음식에 비하면 오히려 적은 편이다.

담이 생기는 또 하나의 원인은 지나친 생각이다. 생각을 많이 하면 기의 흐름이 막힌다. 한의학에서는 "기가 맺힌다"고 말한다. 기는 피와 짝이 되어 돌기 때문에 기가 맺히면 피 역시 잘 돌지 못하게 된다. 그러면 술 담배를 전혀 하지 않아도, 기름진 음식을 거의 먹지 않아도 오랜 시간에 걸쳐 노폐물이 쌓이게 된다. 대개 신경이 예민한 사람들, 한 가지 일에 집착하는 사람들에게서 잘 생긴다. 술 담배를 전혀 하지 않았던 사람, 고기도 잘 먹지 않았던 사람이 중풍이나 암에 걸리는 경우가 이런 경우다.

담을 없애기 위해 가장 좋은 방법은 위의 원인들을 모두 없애는 것이지만 이는 현실적으로 불가능하다. 그래서 담을 조금씩이라도 내보낼 수 있는 방법을 소개한다. 그것은 양파를 먹는 것이다. 양파 반 개를 채 썰어 기름 두르지 않은 후라이팬에서 살짝 볶아 매운맛을 없애고 식사할 때 다른 반찬처럼 소금을 약간 찍어 먹는다. 이렇게 매일 양파 반 개씩만 먹어도 담으로 인한 병은 크게 줄어들 것이다. 양파즙은 볶아먹는 것만큼 효과가 없다. 양파를 먹으면서 소위 혈액순환 개선제나 아스피린과 같이 혈액을 묽게 하는 약을 계속 복용하면 위험할 수 있다. 그러면 어느 것을 끊어야 할까. 약을 끊으면 된다.

만병의 근원 담 2

『동의보감』에서는 열 개의 병 중에 아홉 개가 담이라고 하였다. 담 중에서 우리가 쉽게 알 수 있는 것은 가래다. 병이 가벼울 때는 가래가 희고 묽으며, 냄새나 맛도 심심하다. 오래되어 병이 중해지면 가래가 누렇고 색이 흐리며 걸쭉하게 뭉쳐져 뱉어도 잘 나오지 않고, 점차 여러 가지 나쁜 맛이 나는데 심하면 피도 섞여 나온다. 가래가 많은 사람은 대개 기침도 같이 하는데, 어지럽고 속이 메슥거리며 토하기도 한다. 담으로 가래가 많을 때는 어지럽고 머리가 무거워 맑지 못하고 가슴이 두근거리기도 한다. 숨이 차고 가슴이 답답해진다. 밤에 더 심한 것도 담의 특징이다.

담이 뼛속 깊이 들어가면 손과 발이 잘 움직이지 않고 뼈마디마디가 다 아프고 앉으나 눕거나 서거나 어떻게 해도 편치 못하다. 이런 경우는 대개 눈자위가 검게 된다. 얼굴이 흙빛으로 변하면 풍이나 습이 많은 것이고 붉거나 누렇게 되면 열이 많은 것이다. 옆구리가 아픈 것도 담 때문이다. 대개 이때는 추웠다 더웠다 오락가락하며 숨이 찬다. 이는 담이 맺힌 것이다.

담으로 인한 증상을 몇 가지만 열거해보면, 어지럽다, 눈앞이 아찔해진다, 귀에서 소리가 난다, 입술이나 눈 주위가 떨린다, 눈썹이나 귓바퀴, 뺨이 가렵다, 팔다리가 부어서 뜬뜬하고 아픈 것 같기도 하고 아프지 않은 것 같기도 하다, 아픈 곳이 생기는데 가려운 것 같기도 하고 아닌 것 같기도 하다, 트림이 자주 난다, 신물이 올라온다, 명치끝이 쓰리고 구역질이 난다, 딸꾹질이 난다, 목구멍에 무언가 맺혀 있는 것 같아서 뱉으려 해도 나오지 않고 삼켜도 넘어가지 않는다, 가래를 뱉으면 조갯살 같은 까만 가래가 나온다, 잇몸이 가렵게 느껴지기도 하고 아프기도 하며 붓기도 하는데, 아픈 것이나 가려운 것이 한결같지 않다.

명치 밑에 얼음이 머물러 있는 것 같고 가슴이 때로 싸늘해지면서 아프기도 한다. 꿈에 괴상한 귀신들이 나타나기도 한다. 혹은 발목이 시큰거리고 약해지며 허리와 등이 갑자기 아프기도 한다. 팔다리 마디들이 여기저기 화끈거리면서 아프기도 한다. 심지어는 손

담은 흔하게 나타나는 증상이다. 시간이 지나면 자연히
낫기도 하지만 근본적으로는 담 자체를 없애야 한다.

이 뻣뻣하고 팔죽지가 아픈 것이 마치 접질린 것 같기도 한다. 등줄기 가운데가 손바닥 크기만큼 얼음같이 차면서 아프다. 온몸이 스멀스멀하면서 벌레가 기어 다니는 것 같다. 눈두덩이 뻑뻑하고 가렵고 입과 혀가 허는데, 심하면 목구멍이 막힌다.

뒷목 주위에 멍울이 생긴다. 가슴과 배 사이에 두 가지 기운이 서로 꼬이는 것 같기도 하고 목이 메어 안타깝고 답답하기도 하며 연기가 위로 치받는 것처럼 머리와 얼굴이 화끈화끈 다는 것 같기도 하다.

정신을 잃거나 미치거나 중풍이 되어 팔다리를 쓰지 못하거나, 폐병처럼 오래 앓는 병이 되거나, 각기병이 되거나, 혹은 누가 잡으러 올 것처럼 무서워서 명치 밑이 들먹거리고 놀란 것처럼 가슴이 두근거리거나, 혹은 숨이 차면서 기침이 나고 토하거나, 군침이나 푸르스름한 물, 검은 즙 같은 것을 뱉는다. 심해지면 대변에 피고름이 섞여 나오기도 하고 힘줄이 땅기어 다리를 절기도 한다.

입과 목이 마르기고 하고, 대소변이 막히고 얼굴빛도 윤기가 없어져 마른 뼈 같이 되며 머리털이 푸석푸석해진다. 부인들은 월경이 막혀서 나오지 않고 어린이들은 간질을 앓는다. 이 모두가 담 때문에 생긴 것이다.

담이 생기는 원인은 열로 인하여 생기는 것, 기로 인하여 생기는 것, 풍으로 인하여 생기는 것, 놀라서 생기는 것, 마셔서 생기는 것, 먹어서 생기는 것, 더위로 인하여 생기는 것, 찬 것을 먹거나 찬 것을 너무 오래 접해서 생기는 것, 비장의 기가 허虛하여 생기는 것, 술로 인하여 생기는 것, 콩팥의 기가 허하여 생기는 것 등이 있다. 마셔서 생기는 경우, 특히 술을 마신 다음 찬물을 먹거나 찬 곳에서 오래 있었거나 물이나 차를 너무 많이 마셔서 생기기도 한다.

기로 인한 경우는 대개 생각이 많아서 그렇게 된다. 생각을 많이 하면 기가 맺힌다. 그러면 기와 짝이 되어 흐르는 피가 같이 흐르지 못하게 되어 담이 생긴다. 보통 술이나 담배, 기름진 음식을 많이 먹으면 담이 잘 생기는데, 고기나 술, 담배를 전혀 하지 않는 사람도 담이 생기는 경우가 있는데, 이는 바로 생각이 많기 때문이다.

비록 지금은 죽도록 힘들어 이런저런 생각에 빠지지만 세월이 지나고 보면 왜 그랬나, 아니 무엇 때문에 그랬는지도 모르는 경우가 대부분이다. 모진 바람이 불어도 다 지나가는 것처럼 고통도 다 지나간다. 바람이 불 만큼 불어야 그치는 것처럼 고통도 아플 만큼 아파야 지나간다. 버티면 다 지나간다. 나만 아프다고, 내가 제일 아프다고 소리칠 필요도 없고 그래 봐야 아무 소용도 없다. 집착일 뿐이다. 생각은 생각을 낳을 뿐이다. 생각이 없을 수 없지만 생각은 조금만 하고 그다음은 그냥 내버려두는 것이 상책이다. 고통에 집착하지 말자.

사람들은 왜 콩 심어라 팥 심어라 할까?

"콩 심어라 팥 심어라 한다"는 말은 대수롭지 않은 것을 갖고 야단스 럽게 따지거나 시비를 거는 경우, 지나치게 간섭하는 경우에 쓰이는 속담이다. 말 그대로 대수롭지 않은 일일 때는 별문제가 없지만 장례 나 제사와 같은 경우에는 큰소리가 나기도 한다. '조율이시'든 '조율시 이'든 어차피 한 상에 올리는 것인데 그게 그렇게 대수로운 일일까?

음식을 먹을 때 콩이냐 팥이냐 따지지 않아도 되는 것이 뷔페 다. 물론 요즈음 뷔페는 샐러드 종류를 맨 앞에 놓고 후식을 제일 뒤 에 놓는 등 나름대로 순서를 정하고 있다. 그러나 먹는 사람은 대개 눈에 띄는 대로 맛있는 것부터, 또는 맛있는 것만 먹는다.

뷔페는 기본적으로 일정한 순서 없이 음식을 죽 늘어놓고 먹는 것이다. 기원부터가 그렇다. 뷔페는 원래 바이킹족의 음식에서 온 말이다(여러 가지 음식을 한꺼번에 차려놓고 원하는 만큼 덜어 먹는 스칸디나비아의 전통 식사 방법인 스뫼르고스보르드smorgasbord가 그 기원이다). 바이킹이 해적 질 해온 음식을 탁자 위에 죽 늘어놓고 서서 먹던 습관이 뷔페로 발 전한 것이다. 해적질 해갖고 온 것이어서 음식의 종류는 말 그대로 그날 재수에 따라 달라졌을 것이다. 아마도 이처럼 마구잡이로 먹던

음식이 귀족 사회에서는 청어요리부터 시작하여 연어, 새우 등 해산
물요리와 샐러드를 먼저 먹고 미트볼, 햄 등의 육류로 만든 요리를
먹은 다음 치즈, 과일 등의 후식으로 마무리하는 방식으로 정착되었
을 것이다. 어떤 이유로 이런 순서가 정해졌는지는 정확히 알 수 없
지만 대체로 가장 좋아하는 음식-가벼운 음식-무거운 음식-가볍고
맛이 단 음식의 순서로 보인다.

뷔페는 음식을 무제한으로 맘껏 먹을 수 있고 평소 먹어보지 못
하던 여러 음식을 다양하게 먹을 수 있다는 장점이 있다. 그러나 바
로 그 장점이 단점이 된다. 첫째는 자기에게 맞는 양을 가늠하기 어
렵다. 대개 과식한다. 본전 생각이 나면 더 많이 먹게 된다. 둘째는
같이 먹어서는 안 되거나 좋지 않은 음식을 가리지 않고 먹게 된다.
음식에는 소위 궁합이라는 것이 있어서 서로 같이 먹으면 오히려 해
가 되는 것들이 있다. 예를 들면 돼지고기와 메밀이라든지, 돼지고
기와 새우(원래 새우는 돼지와 상극인데, 오히려 이런 상극관계를 이용하여 새우젓을
조금 찍어 먹으면 소화가 잘된다)가 그런 것이다.

그러나 돼지고기와 많은 양의 새우를 같이 먹으면 부작용이 생
긴다, 개고기와 마늘, 부추, 아욱, 설탕 같은 것이 그런 것이다. 이런
음식은 같이 먹으면 영양가가 반감되거나 때로는 부작용도 일으키
기 때문에 함께 먹는 것이 좋지 않다는 것이다.

양고기는 생선회와 함께 먹지 않는 것이 좋다. 우유나 우유로
만든 제품, 이를테면 치즈나 요구르트도 나쁘다. 매실도 좋지 않다.
이런 것을 음식궁합이라고 하는데, 이는 음양오행에 기초하여 오랜
세월 동안 경험하여 확정된 것이다. 그럼에도 불구하고 뷔페는 이런

음식궁합을 소비자가 알아서 판단하게 하는 매우 불편하고 불친절할 뿐만 아니라 건강에도 좋지 않은 방식이다.

그러면 제사상을 차리는 것은 어떠한가. 배와 감의 위치가 바뀌었다고, 붉은 과일과 흰 과일의 위치가 바뀌었다고 무슨 큰 문제가 되는 것일까?

제사는 죽은 사람에 대한 의식이지만 그것은 동시에 산 사람들의 질서를 다잡는 의식이기도 하다. 제사를 지낼 때 누가 먼저 절을 하고 누가 앞에 서고 뒤에 설지는 피의 친소 관계에 의해 엄밀하게 정해진다. 이러한 피에 기초한 생물학적 관계를 우리는 길이의 단위로까지 정해 놓았다. 피가 얼마나 진한가에 따라 그 진한 정도가 세 치(삼촌三寸)인지 네 치(사촌四寸)인지를 길이로 정한 것이다. 이 길이는 최초의 조상으로부터의 거리다. 그리고 이 길이에 따라 제사에서 어

사진은 뷔페의 원형으로 알려져 있는
스웨덴의 스뫼르고스보르드.

떤 자리를 차지하느냐가 정해진다.

제사상을 차리는 것 역시 마찬가지다. 특히 고사를 지낼 때 우리는 보통 돼지머리를 올리지만 과거의 희생犧牲은 종족마다 시대마다 달랐다. 권력의 향배에 따라 희생의 종류가 달라졌던 것이다. 어떤 희생을 쓸 것인지는 그 사회의 사회구조와 계급관계, 자연환경 등에 의해 결정된다.

모든 사회는 그 사회를 유지하고 발전시켜나가기 위한 자신의 가치체계를 갖고 있다. 그 가치체계는 자연과 사회와 사람의 몸에 대한 이해방식에 따라 달라지는 일정한 논리에 의해 구성된다. 이 논리는, 사람이 태어나는 방식에서부터 살아가고 짝을 지어 재생산하고 병들어 죽는 방식, 죽은 사람과 살아 있는 사람과 관계 맺는 방식을 규정한다.

이렇게 만들어진 질서를 '예의'라고 한다. 따라서 배를 먼저 놓을 것인지 감을 먼저 놓을 것인지, 돼지머리를 쓸 것인지 양머리를 쓸 것인지는 그것이 한 사회의 모든 가치체계에서 나온 것인 만큼 간단히 결정할 수 있는 것이 아니며 이랬다저랬다 할 수 있는 것이 아니다. 그러므로 만일 희생이 돼지에서 양으로 바뀌었다면 그것은 그 사회가 무언가 근본적으로 바뀐 것으로 보아야 한다. 거기에서 살아가는 사람들의 생활방식과 사고방식 모두가 바뀐 것이다.

지금 오늘의 우리에게 제사에 쓰이는 희생이 돼지머리든 양머리든 큰 의미는 없다. 처음 가보는 술집에서 일하는 남자를 삼촌이라고 부르든, 여주인을 이모라고 부르든 아무 상관이 없다. 그 대신 다른 질서, 다른 예의가 자리 잡기 시작했다는 사실이 중요하다. 그런 변화의 징후가 바로 뷔페일 수 있다. 곧 기존의 질서와는 상관없는 나라는 개인 중심의 식습관이 생긴 것이다. 그런 변화의 결과가 금연운동일 수 있다. 과거 담배는 인간관계를 소통시키는 매개였다. 그렇기 때문에 어른 앞에서는 맞담배질을 하지 않는다든지 하는 예의가 생겼던 것이다. 그러나 이제 담배는 그런 관계를 배제하고 오로지 개인의 건강이라는 차원에서만 다뤄진다. 여기에 하나 더 한다면 그것은 무슨 성분 때문에 어디에 좋다 또는 나쁘다고 하는 광고일 것이다. 니코틴이 폐암의 원인이라든지 안토시아닌이 노화 방지에 좋다든지 하는, 바로 이것이야말로 콩 놔라 팥 놔라 하는 소리일 것이며 오늘 우리 사회의 질서를 만드는 강제일 것이다.

제 4 장

요리는
권력이다

음식을 먹는 일은 역사를 만드는 일이다

음식은 사람이 먹을 수 있는 것이다. 음식은 사람과 관계를 맺음으로써 자신을 실현한다. 사람이 먹어야 음식이 되는 것이다. 그러나 이는 사람의 관점에서 말한 것뿐이고 음식은 사람과 관계를 갖기 이전에 자연과 관계를 맺고 있었다.

음식이 관계 맺고 있는 자연을 천지天地라고 한다. 예를 들어 볍씨는 하늘과 땅의 기를 얻어 자란다. 한 톨의 볍씨가 천지와 관계를 맺어 하늘과 땅의 기가 온전히 스며들어가 시간이 지나 여물게 되면 우리는 그것을 '쌀'이라고 한다. 그러므로 쌀에는 시간의 흐름에 따라 하늘의 차고 더운 기운이 들어간다. 이렇게 들어간 하늘의 기를 좁은 의미에서의 '기'라고 한다. 우리가 흔히 '돼지고기는 차다'고 할 때의 차다는 것이 바로 이 기미에서의 기에 해당한다. 하늘의 기와 더불어 볍씨에는 온갖 맛을 내는 땅의 기운이 들어간다. 여기에서 '맛'은 시고 쓰고 달고 맵고 짠 맛의 다섯 가지 맛을 말하는데, '오미 五味'라고 한다. 이는 혀에서 느끼는 맛을 포함하여 대체로 오늘날 말하는 영양성분에 해당하는 것이 포함된다. 이렇게 볍씨에 들어간 땅의 기운을 기미에서의 '미味'라고 한다.

쌀에 담긴 하늘과 땅의 기를 합하여 '기미氣味'라고 부른다. 쌀에는 하늘과 땅의 기가 들어 있기 때문에 우리는 그저 쌀을 먹을 뿐이지만 쌀을 먹음으로써 쌀에 담긴 하늘과 땅, 곧 우주의 기를 함께 먹는 셈이 된다.

모든 음식은 다른 음식과 구별되는 자신만의 바탕, 곧 기미가 있다. 이를 '성性'이라고 한다. 자신의 성에 따라 음식마다 차고 덥고 하는 기의 차이가 있고 달고 쓰고 신 맛의 차이가 있다. 성질이 찬 것은 더운 기를 좋아하고 성질이 더운 것은 찬 기운을 좋아한다. 인삼의 성질은 그 자체가 아주 더운 것이어서 반대로 서늘한 기를 좋아한다. 그래서 인삼밭은 검은 천 같은 것으로 햇볕을 가려줘야 한다. 귤과 같이 추울 때 자라는 것도 그 자신의 성질은 따뜻하다.

반대로 음식의 성질 자체가 찬 것은 더운 것을 좋아한다. 참외나 포도가 그렇고(어떤 곳에서는 고르다고 했다) 수박이 그렇다. 물론 이는 대체적인 것이다. 그 음식의 성질이 어떠한지를 알기 위해서는 이

인삼은 더운 성질이어서 재배할 때는 햇볕을 가려주어야 한다.

러한 음양에 대한 이해를 바탕으로 아주 세밀한 생태적 관찰과 오랜 시간에 걸친 실제 경험이 필요하다. 또한 껍질과 속의 성질이 전혀 반대로 나타나기도 하는 등 부위에 따라서도 다를 수 있으므로 일률적으로 판단할 수는 없다.

인류의 역사에서 농사가 시작되었다는 것은 바로 이러한 음식에 대한 이해가 일정한 정도로 완성되었다는 사실을 뜻한다. 강우량이나 일조량, 토양 등에 대한 근대 과학적 분석 없이 농사를 지을 수 있었다는 것은, 음식은 물론 음식과 자연이 맺고 있는 관계를 정확하게 이해했다는 말이다. 하늘의 움직임[천문]과 땅의 성질[지리], 하늘과 땅의 상호 관계에 대한 정확한 이해가 있었다는 말이다. 그러지 않고서는 농사를 지을 수가 없다. 오늘날 우리가 먹고 있는 기본적인 음식이 이러한 이해에 바탕을 두고 음식으로 정해진 것이며 따라서 그 음식의 성질에 대한 이해도 그만큼 오래된 것이라고 할 수 있다. 오늘날 농사가 아무리 근대 과학적으로 발전했다고 해도 대부분의 농사기술은 고대로부터 내려온 음식에 대한 이해에 기초하여 발전하였거나, 또는 그러한 이해를 근대 과학적으로 재해석한 것에 불과하다.

고대의 '발견' 또는 '발명'이 우연에 의한 것이라거나 단순 경험의 반복과 축적에서 나온 것이라는 생각은 근대의 과학주의에 의해 만들어진 미신이다. 이는 근대과학만이 과학이며 근대과학 이외의 방법을 통해서는 결코 자연을 이해하거나 변화시킬 수 없다는 미신이다. 이는 온갖 근본주의자들의 의식과 똑같다. 절대적이며 보편적인 제1의 원리(대개는 유일신)에 의해 모든 것이 창조되었다고 보고 모

든 존재는 그 원리에 따른다, 아니 정확히 말하자면 따라야 한다고
보는 것이다. 그러나 그러한 미신은 자신의 오류에 그치는 것이 아
니라 남을 해치는 도구가 된다. 그러한 예를 가깝게는 일제 강점기
에서 볼 수 있다.

　일제는 '과학'을 비판의 무기로 내세워 무당이나 풍수와 같은 것
을 '미신'으로 몰아붙였다. 무당을 비판한 것은 도교의 틀 속에서 형
성된 민족적 혹은 민중적 공동체 의식을 파괴하기 위한 것이었고 풍
수를 비판한 것은 조선의 수탈을 위한 빨대, 나아가 대륙 진출을 위
한 수단으로서의 도로를 내기 위한 것이었다. 일제가 도로를 내자
각 지역 공동체에서는, 묘지를 해치는 것은 조상신을 해치는 것이며
터널을 뚫고 산을 허무는 것은 땅의 혈맥 곧 지맥을 해치는 것이라
는 논리를 내세워 이를 반대했다.

　이에 일제는 '과학'을 내세워 이 같은 '미신'을 비판했고 공동체
의 해체를 목적으로 기존의 유통망을 벗어나 새로운 도시를 만들면
서 철도를 개설했다. 그 결과 주요한 길은 전주와 나주(전라도), 경주
와 상주(경상도), 충주와 청주(충청도)를 벗어나 세워지게 된다.

　일제에 의한 한의학 말살 정책 역시 이러한 맥락 속에서 이해할
수 있다. 이러한 식민지화=근대화는 '위생'과 '청결'을 앞세워 몸을 대
하는 태도를 바꾸고 식생활 개선을 앞세워 음식을 바꿈으로써 완성
된다.

　음식은 그저 배를 채우는 것이 아니다. 우리는 음식을 먹음으로
써 일차적으로는 자연을 먹지만, 그다음으로는 음식이 자연과의 관
계에서 얻은 하늘과 땅의 기를 먹게 되며 그렇게 함으로써 궁극적으

로는 우리 자신을 변화시킨다. 인간의 노동이 자연을 변화시키지만 그 변화에 의해 인간 자신이 변화하는 것과 마찬가지다. 그러한 상호간의 변화를 기록한 것이 역사이며 그 역사는 바로 음식 속에 들어 있다. 우리는 음식을 먹으면서 자연을 먹는다고 생각하지만 음식에는 고대로부터 이어진 인류의 기나긴 역사가 고스란히 들어 있기 때문에, 음식을 먹는다는 일은 바로 그 역사를 먹는 일이면서 또한 새로운 역사를 만드는 일이기도 하다. 먹고 사는 게 쉬운 일이 아니다.

음식은 음양이다

모든 음식은 하늘과 땅의 기를 받아 생긴다고 했다. 하늘은 음양으로 보면 양이고 땅은 음이다. 음식에는 하늘과 땅의 기가 스며들어 있기 때문에 음식 자체도 음양으로 나뉜다. '음식飮食'에서 '음飮'은 마실 것을 말하며 음양으로 보면 음陰이다. '식食'은 씹을 것을 말하며 음양으로 보면 양陽이다. 음이 많으면 마실 수 있는 '음飮'이 되고 양이 많으면 씹을 수 있는 '식食'이 된다. 그런데 음양은 음이나 양이 따로 있어 그렇게 부르는 것이 아니라 어떤 한 사물의 두 측면을 나누어본 것뿐이다. '음식'을 하나의 사물로 보고 그 음식의 한 측면[마실 수 있는 것]을 음으로 보고 다른 한 측면[씹을 수 있는 것]을 양으로 본 것이다. 그래서 어떤 하나의 사물이 다른 사물과 관계를 갖게 되면 그런 관계 자체가 새로운 하나의 사물이 되어 여기에서 다시 음양이 나뉜다. 그러므로 '음飮'이라고 해도 그것이 '식食'과 관계를 가질 때, 다시 말해서 음식을 하나의 사물로 볼 때는 음陰이 되지만 다른 '음飮'끼리 관계를 가질 때는 다시 거기에서 음양이 나뉜다. '식'도 마찬가지다.

예를 들어보자. 씹을 수 있는 것 중에서도 식물은 음이 되고 동물은 양이 된다. 물과 불은 뜨거운 정도라는 측면에서는 각각 음과 양으로 나뉘지만 물 자체를 놓고 보면 뜨거운 물은 양이고 찬 물은 음이 된다. 그러니까 남자는 무조건 양이고 여자는 무조건 음이라는 것이 아니라 어떤 특정한 측면에서 볼 때(여기에서는 주로 생식이라는 측면) 그렇게 나눌 수 있다는 말이다. 사회적인 활동의 측면에서 본다면 남자도 음陰인 사람이 있고 여자도 양陽인 사람이 있다. 또 양적인 남자도 보다 더 양적인 남자와의 관계에서는 음이 된다.

음식이 갖고 있는 하늘과 땅의 기[넓은 의미에서의 기]를 '기미氣味'라고 한다. 음식에 들어 있는 하늘의 기[넓은 의미에서의 기]는 '기[좁은 의미에서의 기]'이고 땅의 기[넓은 의미에서의 기]는 '미[맛]'이다. 『황제내경』에서, 하늘은 사람에게 기[좁은 의미에서의 기]를 먹이고 땅은 맛을 먹인다고 했다. 기미는 '기[좁은 의미에서의 기]라는 측면을 강조하여 말할 때는 그냥 '기'라고 부르고 '미'라는 측면을 더 강조하여 말할 때는 '미' 또는 맛이라고도 한다.

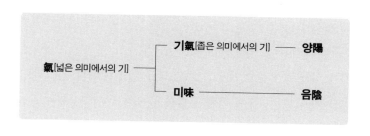

음식이 갖고 있는 [좁은 의미에서의] 기는 차고 더운 성질을 말한다. 한 사물이 다른 사물과 관계를 가져 미치는 영향, 그 힘을 기라고 하는데, 음식에서는 이를 [좁은 의미에서의] 기라고 한다. 음식의 기에는 한열온량寒熱溫凉의 네 가지가 있다. 음식이 사람에 미치는 영향을, 그것이 찬지 더운지에 따라 나눈 것이다. 어떤 음식을 먹고 몸에서 열이 나면 그 음식은 덥다고 하고 반대로 추워지면 차다고 한다.

그래서 흔히 돼지고기는 차다고 하고 닭고기는 덥다고 하는 것은 그 음식의 기[좁은 의미에서의 기]를 말한 것이다. 대체로 마늘이나 고추와 같이 매운맛을 내는 음식은 몸을 덥히는 효과가 있다. 이런 음식들은 더운 음식이라고 한다. 반대로 오이나 메밀 같은 음식은 몸을 차게 하는 효과가 있다. 이런 음식들은 찬 음식이라고 한다.

기미라는 말은 주로 약재 또는 음식에 쓰는 말이지만 사람에게도 쓰인다. 기질氣質과 비슷한 뜻이다. 음식과 마찬가지로 사람도 하나의 기氣이기 때문에 사람 역시 기미를 갖고 있는 것이다. 그래서 그 사람의 기미를 알면 그 사람의 기질 또는 성질[성性과 질質]을 알 수 있게 된다.

맛은 산고감신함酸苦甘辛鹹이라고 하는 시고 쓰고 달고 맵고 짠맛을 말한다. 이 맛은 일차적으로는 혀에서 느껴지는 맛이지만 보다 근본적으로는 그 음식이 몸에 들어가 어떤 장부에 어떤 영향을 미치는가에 의해 정해진 것이다. 현실의 맛은 매우 다양하여 이루 다 셀 수 없지만, 그것이 몸에 미치는 영향을 오장육부와의 관계로 보아 다섯으로 나눈 것이다.

이렇게 다섯으로 나누는 것을 오행이라고 하는데, 음양에 더하여 오행을 다시 나누는 것은 모든 사물이 저마다의 독특한 성질을 갖고 있기 때문이다. 어떤 것은 무언가가 생겨나는 성질이 있고 어떤 것은 위로 솟구치는 성질이 있고 어떤 것은 내려가고 어떤 것은 가라앉는다. 이런 성질을 다섯으로 나눈 것이다. 그렇다면 왜 하필이면 다섯으로 나누었는가? 여러 이유가 있지만 방위方位를 예로 들어보자. 방위는 무한대로 나눌 수 있지만 땅 위에 서 있는 나를 중심으로 보면 동서남북과 가운데밖에 없다. 나머지는 이 다섯의 조합으로 설명할 수 있다. 우리 몸의 장기도 여럿이 있지만 간, 심, 비, 폐, 신의 오장을 중심으로 설명할 수 있다. 한 사물의 발생과 발전과정도 생장화수장生長化收藏이라는 다섯 단계로 나눌 수 있다. 태어나 자라고 영글어서 거두어들이고 갈무리되는 것이다.

음식을 음양으로 본 것은 음식과 몸의 관계를 알기 위한 것이다. 이는 음식 자체를 이해하는 방식이 아니라 음식이 몸에 미치는 영향을 알기 위한 방식이다. 나아가 이는 다른 모든 것과 관계를 맺고 있는 것으로서의 음식을 알기 위한 방식이다. 진정 과학적 방법은 모든 관계를 배제하지 않고(또는 해체하지 않고), 끊임없이 서로 영향을 주고받아 변화해가는 운동으로서의 자연을 있는 그대로 이해하는 것이다.

몸에 절대 나쁜 것은 없다

나는 근대화를 위한 유신 독재가 막바지에 달한 70년대 말에 대학(경제학과)에 들어가서 술과 담배를 배웠다. 부모님께서는 술 담배를 끊으라고 성화셨지만 당시 한의대 본과생이던 형은 그러지 않았다. 오히려 너는 속에 화火가 많으니 담배를 피워 맞불을 질러야 한다고 말씀해주셨다. 나는 그저 주워들은 지식으로 이열치열以熱治熱하는 이치인가보다 하고, 나를 이해해주는 형이 고맙기만 했다.

　형이 한 말을 이해하는 데는 오랜 시간이 걸렸다. 먼저 돌아가신 형님의 뒤를 이어 다시 한의대에 들어가 한의학을 배우고 한의사가 되고 나서도 그 뜻을 제대로 알지 못했다. 그러다가 2011년부터 시작된, 참으로 견디기 어려운 고통을 당하고 나서야 비로소 이해할 수 있었다. 제대로 먹을 수도 잘 수도 없었던 시간들. 그때 술과 담배가 없었다면 그 시간을 어떻게 보낼 수 있었을까. 물론 지나친 술과 담배로 몸은 이미 망가져 있었고 그에 따른 혹독한 대가를 치러야 했다.

　한의학이 아니더라도 누구나 상대성에 대해 알고 있다. 모든 것은 상대적이다. 적어도 그런 측면이 있다는 것을 누구나 인정한다. 그러나 정작 자신의 삶에서는 의외로 그러지 못한 경우를 많이 본다.

음양에 대해 흔히 오해하고 있는 것은 음양은 상대적인 두 사물을 가리킨다고 하는 것이다. 이를테면 물과 불을 각각 음양이라고 보는 것처럼 음이 따로 있고 양이 따로 있다고 보는 것이다. 물론 물은 그 자체로 음의 성질을 갖고 있고 불은 양의 성질을 갖고 있다.

그러나 우리가 음양을 말할 때는 항상 기의 관점에서 말하고 있다는 사실을 잊어서는 안 된다. 다시 말하면 어떤 것이 음인지 양인지는 다른 사물과의 관계 속에서 드러나는 것이라는 점을 잊어서는 안 된다는 말이다. 예를 들어 사람(특히 생식을 위한 사람)이라는 한 사물의 관점에서 볼 때, 여자와의 관계에서 남자는 양이 되지만 이는 생식이라는 관점에서 말한 것이다. 남자 중에도 소극적이고 정적인 남자는, 적극적이고 활동적인 다른 남자와 관계를 맺어 남성이라는 관점에서 볼 때는 소극적인 남자는 음, 적극적인 남자는 양이 된다. 같은 남자라고 해도 몸이라는 관점에서 보면 몸의 겉은 양이고 속은 음이다. 높은 것은 양이고 낮은 것은 음이지만 높다든가 낮다든가 하는 것은 상대적인 것이다. 서울에서 보면 남산이 높지만 에베레스트에 비하면(서로 관계를 가지면) 낮으므로 이때는 남산이 음이 된다. 이렇게 음양이 변하는 것은 관계와 관점이 바뀌었기 때문이다.

이러한 관점을 잊어버리면 음양론은, 마치 똑같은 것을 갖고 어떤 때는 음이라고 했다 어떤 때는 양이라고 하는 것처럼 보여, 귀에 걸면 귀걸이, 코에 걸면 코걸이 식의 이야기가 되어버린다.

관계에 따라 성질이 바뀌는 예는 인간관계에서도 찾아볼 수 있다. 아주 활발하여 소위 다혈질인 사람이 어떤 사람 앞에서는 꼼짝도 하지 못하고 조용해지는 경우가 있다. 반대로 음적인 사람이 어떤 사람과 같이 있으면 매우 양적으로 바뀌는 경우도 있다. 조용하던 사람이 술을 마시면 활발해지는 것처럼 이러한 변화와 이행은 사람 사이에서만이 아니라 사회적 또는 자연적 환경의 변화에 따라서도 일어난다. 강남의 귤이 강북으로 가면 탱자가 된다(남귤북지南橘北枳)는 말은 이러한 예를 잘 보여주고 있다.

춘추시대 말기의 제齊나라에 안영晏嬰이라는 재상이 있었다. 키는 작았지만 검소할 뿐만 아니라 큰 지혜와 용기를 갖고 있는 명재상으로 평가된다. 어느 날 안영이 초나라에 사신으로 가게 되었다. 초나라의 영왕靈王은 그를 욕보이기 위해 안영이 있는 자리에서 포승에 묶인 제나라 사람을 지나가게 하였다. 왕은 모르는 척하면서 "제나라 사람은 참으로 훔치는 일을 좋아하는가?"라고 물었다. 그러자 안영은 "귤은 회수 이남에서 자라면 귤이 되지만 회수 이북에서 자라면 탱자가 됩니다. 잎은 서로 비슷하지만 열매 맛이 다릅니다. 왜 그럴까요? 이는 풍토가 다르기 때문입니다. 제나라에서 자라면 도둑질을 하지 않지만 초나라에 와서는 도둑질을 하니, 초나라의 풍토가 사람들을 도둑질하게 만드는 것 아닙니까?"라고 하였다. 이 말에 영왕은 크게 웃으며 "성인과 더불어 장난치는 게 아니라더니, 내가 오히려 욕을 보았네"라고 말하였다고 한다.

여기에서 '남귤북지南橘北枳'라는 말이 나왔는데, 이는 환경에 따라 종種이 바뀐다는 말이 아니라 귤의 기[氣]가 바뀐다는 말이다.

세상의 모든 것은 서로 연관되어 있으며 끊임없이 변하고 있다.

이 변화는 매개, 곧 관계를 통해서만 일어난다. 관계 속의 변화를 통해 모든 사물은 하나의 상태에서 다른 상태로 끊임없이 이행하고 있다. 바로 이러한 매개를 통해, 그리고 그런 매개 속에서의 끊임없는 변화와 이행을 통해 모든 사물은 하나의 사물이 된다. 그럼에도 사람들은 뭐에는 뭐가 좋다, 뭐에는 뭐가 나쁘다는 말을 믿는다. 일면적으로, 그것도 일방적으로 믿는다. 아무리 나쁜 사람도 제 새끼에게는 한없이 좋은 부모일 수 있고 아무리 좋은 사람도 누군가에게는 나쁜 원수가 될 수 있다. 음양론은 바로 이렇게 매개 속에서 변화하고 끊임없이 이행하고 있는 사물의 관계를 이해하기 위한 인식 틀이다. 올바른 실천을 위한 출발점이다. 세상에 절대적으로 좋거나 나쁜 것은 그 어디에도 없다.

사람이나 음식이나 이치는 똑같다

음식이 갖고 있는 기를 말할 때는 기미氣味라는 말을 쓴다. 기는 한열 寒熱을 말하고, 미는 산고감신함酸苦甘辛鹹이라는 다섯 가지 맛, 곧 오 미五味를 말한다. 한열은 음식을 음양이라는 측면에서 말한 것이고 오미는 오행이라는 측면에서 말한 것이다. 한 마디로 음식을 음양오 행으로 본 것이다. 음양은 한 사물의 대립되는 두 측면을 갈라서 본 것이고 오행은 각 사물에 고유한 성질을, 다른 사물과의 관계 속에 서의 운동과 과정이라는 측면에서 본 것이다. 예를 들어 물과 불을 각각 음과 양이라고 말하는 것은 한 사물이라는 관점, 정확히 말하 자면 물과 불이 만나 서로 관계를 갖는 '사건' 속에서 물은 음이 되고 불은 양이 된다고 말하는 것이다. 반면에 물을 오행의 차원에서 말 하면 그 물은 다른 목화토금木火土金과의 관계 속에서 다른 사물에 작 용하고 그 자신도 작용을 받아 다른 사물로 변화해가는 과정을 말하 는 것이다.

모든 사물은 자신만의 고유한 성질이 있다. 사물의 성질은 사물 의 숫자만큼 있지만 이를 크게 나누면 다섯으로 나눌 수 있다. 물론 음 양과 같이 둘로 나눌 수도 있고 그 밖의 다른 방법으로 나눌 수 있는 경우의 수가 무한히 많다. 이를 다섯으로 나눈 것은, 이를테면 사람이 태어나서 자라고 왕성하게 활동하다가 서서히 죽어가는 과정을 생장화수장生長化收藏으로 보는 것과 같다. 하나의 과정을 다섯 단계로 나누어 보는 것이다. 이는 모든 과정이 오로지 다섯 단계로 이루어져 있다는 말이 아니라 그렇게 순환하는 과정을 다섯으로 나눈 것뿐이다.

오행이라는 말은 『상서尙書』의 「감서甘誓」와 「홍범洪範」에 처음 나오지만 오행 자체는 상商나라의 갑골문에 이미 나온다. 그리고 그 체계가 매우 정연한 것으로 보아 상나라 이전에 오행이라는 체계가 있었을 것으로 추정된다. 그 역사가 아주 오래되었음을 알 수 있다.

음양오행설, 특히 오행설은 무엇보다도 천문학에 바탕을 두고 나온 것이다. 천문학은 첫 번째로 광활한 지역을 이동해야 하는 유목집단에서 먼저 발달했을 것이다. 유목민들은 부족에 따라서는 매년 한반도의 전체 길이에 해당하는 1,200킬로미터까지 이동하기도 하였고 매우 고정된 것으로 보이는 이동조차도 매년 반드시 동일하게 반복되는 것은 아니며, 극도로 불안정한 이동로도 때로는 규칙성을 띤다(라자노프, 『유목사회의 구조』). 유목민의 이동은 단순히 초목의 유무만이 아니라 기르는 가축의 종류와 수, 사람 또는 가축에 피해를 줄 수 있는 해충의 유무까지도 고려해야 하는 매우 정교한 작업이다. 이를 위해서는 천문에 대한 이해가 반드시 필요하였다. 그런 예를 돌궐의 역법에서 확인할 수 있다(Jacque Gernet 외, 『突厥曆法硏究』).

두 번째는 농사와 연관된 집단이다(예로 『예기』 「월령」). 농사는 한 곳에 정착하여 비교적 안정적인 자연환경 속에서 이루어지는 것이지만 매년 변화하는 하늘의 움직임에 대한 이해가 없이는 불가능한 작업이다. 또한 농경과 더불어 만들어진 국가의 성립은 황제가 중앙에 앉아 남쪽을 보면서 사방四方을 통치한다는 관념, 곧 오방五方 개념을 만들었다. 세 번째는 의학과 연관된 집단이다(대표적인 예로 『황제내경』이다). 한의학은 자연은 물론 사람도 하나의 기로 보기 때문에 자연과의 관계, 특히 천문에 대한 이해가 필요하였다. 이 세 집단은 매우 긴밀한 관계를 갖고 서로 영향을 주고받으며 발전해나갔다. 네번째는 점이나 관상과 같은 다양한 술수術數와 연관된 집단이며 다섯 번째는 정치적 집단이다(「홍범」과 동중서董仲舒).

이중 세 번째까지는 모두 자연을 대상으로 하고 있으며 당대 최고의 과학적 성과에 기초한 이론이었다고 할 수 있다. 그러나 나머지 두 흐름은 앞의 성과를 정치나 사회에 적용한 것으로, 앞의 흐름과 오행의 순서도 다르며 명확한 현실적 근거를 결여한 것이라고 할수 있다. 따라서 후대의 음양오행에 대한 비판은 주로 네 번째와 다섯 번째 집단에 대해 이루어졌다(謝松齡, 『음양오행이란 무엇인가』).

오행의 속성에 대해서는 「홍범」의 설명이 참고할 만하다. 오행은 보통 목화토금수의 순서로 말하지만 「홍범」에서는 수화목금토의 순서로 말하고 있다. 물과 불이라는 음양의 대립을 강조한 것이다.

먼저 수水는 윤하潤下하는 것이다. 촉촉하게 적셔주면서 아래로 내려가는 것이다. 이런 성질을 갖고 있는 것은 모두 수에 속한다. 물이 대표적이다.

목木은 곡직曲直하는 것이다. 구부리거나 흔들리거나 곧바로 뻗는 성질을 갖고 있는 것은 모두 목에 속한다. 쭉쭉 뻗어나가면서 바람에 흔들리는 나무가 대표적이다.

금金은 종혁從革하는 것이다. 무엇을 따르거나 뒤엎는 것이다. 쇠붙이가 대표적이다. 쇠는 불로 녹여 틀에 부으면 틀을 따라 모양이 만들어지지만 쇠가 칼이 되면 마치 칼로 동물을 베어 버리거나 껍질을 벗기듯 뒤엎어버리는 성질이 있다. 맛으로 보면 매운맛이 여기에 해당한다. 매운맛[신辛]은 먹으면 아프고 눈물이 난다. 고추처럼 매서운 것이다. 가을의 서리처럼, 말 그대로 추상秋霜같은 것이다.

토土는 씨 뿌려 거두는 것이다[稼穡]. 땅이 대표적인 것이다. 땅에 농사짓고 땅에서 거둔다. 땅은 모든 것을 담고 있으면서 마치 씨앗에서 열매가 생기듯 새롭게 변화시킨다. 사람에게는 먹을거리라는 맛을 준다.

음식을 기미로 볼 수 있지만 사람 역시 그러하다. 어떤 사람은 나무와 같은 사람이 있고 가을의 서릿발 같은 사람도 있다. 물처럼 조용히, 그러나 깊이 스며드는 사람도 있다. 그래서 조선시대에는 흔히 사람의 품성이나 기질을 기미로 말하기도 했다. 예를 들면 "[율곡] 이이는 또 이르기를 '정철鄭澈이 [심]의겸義謙에 대하여 비록 정情은 서로 깊지만 기미氣味와 심사心事에 있어서는 두 사람이 전혀 다르다"(『조선왕조실록』 선조실록 17권, 선조 16년 7월 16일 을미 첫 번째 기사)라고 하는 식이다.

음식이든 사람이든 다 똑같은 기일 뿐이다. 음식을 먹어 사람이 만들어지는 것도, 사람과 사람이 만나 비로소 사람이 되는 것도, 음식이나 사람이나 모두 같은 기이기 때문에 가능한 일이다. 음식이든 사람이든 그것을 기로 보아야 보이는 것이다. 다른 눈으로는 보이지 않는다. 서로 관계를 맺어 서로를 변화시키고 끊임없이 이행하고 있는 것으로 보아야 비로소 보이는 것이다.

오행의 미로

음양오행에서 배속이란, 사물을 목화토금수의 각각으로 나누어 같은 행에 속하는 것끼리 묶는 일이다. 분류다. 예를 들면, 색깔에서 푸른색은 목의 성질을 갖고 있어서 목에 배속시킨다. 색만이 아니라 이 세상의 모든 사물과 사건, 시간과 공간은 물론 사람의 마음까지도 모두 오행으로 분류하여 배속시킬 수 있다. 이러한 배속을 통해 우리는 그 사물이 다른 사물과의 관계에서 어떤 작용을 할지를 알 수 있다.

기의 세계에서 어떤 사물에 대해 안다는 것은 물 자체를 아는 것이 아니라 그 사물과 나와의 관계, 그 사물과 다른 사물과의 관계를 아는 일이다. 그러므로 기의 세계에서는 물 자체의 본질은 크게 중요한 것이 아니다. 그 사물의 내적 구조 역시 중요한 것은 아니다. 중요한 것은 관계에서 드러나는 그 사물의 속성이다. 이런 관점에서는 구조-기능이라는 인식 틀은 적용되지 않는다. 이것이 동서를 막론하고 전근대 사회에서 해부학(기술로서의 해부가 아니라)이 발달하지 않거나 의학과 연관되지 않은 이유다.

세상의 모든 사물을 다섯으로 나눌 수 있다는 것은, 세상의 모든 사물이 이 다섯 가지 이외에는 없다는 말이 아니다. 다만 세상의 모든 사물을 오행이라고 하는 다섯 가지 성질로 나누었다는 말이다. 그러므로 이는 절대적인 분류가 아니다.

세상은 하나로 볼 수도 있고(일원론) 둘로도 볼 수 있고(음양론 등의 이원론), 3(천지인 삼재사상, 변증법), 4(불교의 4대), … 24(하루의 시간), … 60(시간의 초), … 64(주역) 등 거의 모든 숫자로 나눌 수 있다. 그럼에도 모든 사물을 다섯 가지 속성으로 나누는 것은, 첫째는 각 사물을 고립되어 존재하는 독립된 것으로 보지 않고 다른 것들과 관계를 갖고 있을 뿐만 아니라 바로 그 관계에 의해서만 존재할 수 있으며 그 관계에 의해서만 자신의 고유한 속성을 드러낼 수 있다는 측면을 말하기 위함이다. 둘째로 이는 모든 사물의 운동을 하나의 과정으로 보기 위한 것이며 나아가 그런 과정을 생성과 발전, 소멸이라는 단계로 나누어 보기 위한 것이다. 셋째로 각 사물이 발전해가는 각각의 과정과 단계가 서로 어떻게 영향을 주고받는지, 곧 각 사물들이 겪는 각각의 과정과 단계 사이의 관계를 알기 위한 것이다. 오행은 이를 위한 가장 효율적이고 합리적인 방법의 하나일 뿐이다.

오행의 같은 행에 배속된 것들끼리는 서로의 힘을 더해주는 효과가 있다. 악기의 같은 음이 만나면 그 소리가 더 커지는 것과 같다. 예를 들어 목에 배속되는, 곧 목의 기를 갖고 있는 푸른색과 동쪽의 기가 관계를 가지면 목의 힘이 더 커진다.

오행의 각 단계는 다음의 단계를 낳는다. 목木에 해당하는 봄이 화火에 해당하는 여름을 낳는 것이 그런 예이다. 이를 상생相生이라고 한다. 어미가 자식을 낳아 먹여 살리는 것과 같다. 그래서 이를 모자 관계라고도 한다. 상생의 순서는 목화토금수木火土金水이다.

이 순서는 인류의 탄생과 더불어 만들어지기 시작했을 것이다. 인류의 자연과의 감응感應을 통한 오랜 경험과 통찰 속에서, 그리고 아마도 인류의 탄생 이전부터 유전되어온 생물로서의 본능적인 부분(유전자 속에 각인된 부분)이 많은 역할을 했을 것이다. 이 순서는 무엇보다도 유목이나 농사와 같은 생산을 위해 필요했고 또한 제사를 위해서 필요했다.

제사에 어떤 희생을 쓰느냐 하는 문제는 각 부족을 구분하는 것이며 따라서 적과 아를 구분하는 것이었기 때문에 매우 중요한 문제였다. 이 순서는 시대와 사회(부족)에 따라, 그리고 각 계급의 이해관계를 반영한 학파와 이데올로기에 따라 달랐다. 의학에 적용된 오행의 순서는 천문, 음악, 식물학(본초本草) 분야의 그것과 같다. 이런 분야에서 자의적인 오행의 순서는 곧바로 먹을거리의 생산과 제사, 몸에 직접적으로 작용함으로써 큰 부작용을 일으킬 수밖에 없고 잘못된 오행의 순서는 이러한 현실의 실천에 의한 검증을 통해 퇴출될 수밖에 없었다.

오행에는 상생만이 아니라 상극의 관계도 있다. 하나가 다른 하나의 힘을 제약하는 것이다. 예를 들어 쇠붙이는 나무를 벨 수 있다(금극목金克木). 물은 불을 끌 수 있다(수극화水克火). 이 순서는 금목수화토金木水火土가 된다. 이를 도표로 그리면 다음 그림처럼 된다.

이러한 오행의 상생과 상극의 관계는 감응을 전제로 하고 있다. 모든 사물은 서로 공명하고 있으며 공명을 통해 서로 연결되어 있다는 것이다. 감응은 그러한 연결이 실현된 것이다. 모든 사물은 서로

오행상생상극도

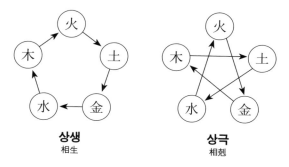

상생
相生

상극
相剋

감응함으로써 연결되며 서로에게 작용하여(관계를 맺어) 상대를 변화시킴과 동시에 자신도 변화해간다. 그 변화는 긍정적인 것(상생)일 수도 있고 부정적인 것(상극)일 수도 있다. 감응은 다른 사물과의 관계를 통한 작용과 반작용이, 대상은 물론 자신의 내부에 기억되어 보존됨과 동시에 새로운 변화의 조건으로 작용하는 것을 가리킨 말이다. 오행은 이러한 관계의 운동이 바로 모든 사물의 존재 방식이라고 보는 관점이다.

뒤집힌 세상, 뒤집힌 언어

공자는 권력을 쥐면 제일 먼저 정명正名을 하겠다고 했다. '정명'이란, 이름[名]과 그 이름이 가리키는 실질[實]을 같게 만든다는 말이다. 꽃을 꽃이라고 부르고 돌을 돌이라고 부른다는 말이다. 다소 평범하게 들리는 말이지만 이 말에는 여러 가지 뜻이 들어 있다. 공자 스스로는 정명을 하는 이유에 대해, 이름이 바르지 못하면 무엇보다도 사람들 사이의 의사소통이 순조롭지 못하고 의사소통이 순조롭지 못하면 일이 제대로 이루어지지 않고 일이 제대로 이루어지지 못하면 사회의 질서를 세울 수 없고 그러면 형벌이 알맞지 않게 되고 그러면 백성들이 어찌할 바를 모르게 되기 때문이라고 말한다. 임금이 임금답지 못하다면 그 사람을 임금이라고 할 수 없다. 임금이 아닌 사람을 임금이라고 부르는 것은 잘못된 것이다. 공자는 이런 것들을 바로잡겠다는 것이다.

　이름을 바로 잡는 방법에는 여러 가지가 있다. 첫째는, 임금이 아닌 사람을 그 사람에게 맞는 이름으로 부르고 거기에 맞는 대우를 하는 것이다. 둘째는 그 사람을 임금답게 만드는 것이다. 셋째는, 이도 저도 안 되면 그 사람에게 적절한 형벌을 가하는 것이다. 이런 원칙은 임금만이 아니라 부모, 자식, 친구는 물론 사물에도 마찬가지로 적용할 수 있다.

자기 백성이 줄줄이 죽어나가는 데도 눈 하나 깜짝이지 않는 사람이 임금을 자처하기도 하고 제 자식을 죽이는 사람이 부모로 불리기도 한다. 이것만이 아니다. 주변의 사물들도 제 이름을 갖지 못하고 엉뚱한 이름으로 불리고 있다. 원래의 이름이 전혀 다른 것을 가리키기도 한다. 그런 예는 우리 주위에 너무도 흔하다. 우리 옷은 어느 새인가 '옷'이 아니라 '한복'으로 불리고 있다. 집도 마찬가지다. 우리 집은 '집'이 아니라 '한옥'이라고 한다. 그러면 몸은 어떨까? 몸이라고 예외는 아니다. 우리가 알고 있는 몸은 더 이상 과거의 우리가 알고 있던 몸이 아니다. 한 예로 심장을 들어보자.

심장이라고 하면 많은 사람은 가슴에 있는 실질 기관으로서의 심장을 떠올릴 것이다. 네 개의 심실과 심방으로 이루어진, 피의 순환을 담당하는 기관이다. 그러나 원래 심장은 그냥 '심心'이라고도 하는데('장臟' 또는 '장藏'은 무언가가 거기에 저장되어 있어서 가득 차 있다는 뜻이지 '기관

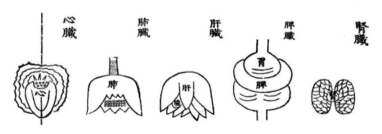

『동의보감』에 실려 있는 다섯 장기 그림.
왼쪽부터 심장, 폐, 간, 비장, 신장=콩팥이다.

器官'organ이라는 뜻이 아니다), 이는 '마음 심'이다. 과거에는 심장을 어떻게 보았기에 이를 '마음'이라고 하였을까?

　과거에도 심장은 오장육부의 하나로, 염통이라고도 하는 것처럼 하나의 장기臟器로 보았다. 여기에서 중요한 것은 기관과 장기의 구분이다. '기관'은 특정한 기능을 하는 특정한 구조물을 말한다(구조-기능). 이에 비해 장기는 특정한 작용을 하지만 그렇다고 해서 그런 기능에 상응하는 구조물은 아니다. 그것은 그냥 하나의 덩어리일 뿐이다. 기의 덩어리일 뿐이다.

　이런 구분에 더하여 과거에는 심장을, 마치 나라를 다스리는 군주와 같이 온몸을 주재하는 것으로 보았고 특히 심장은 오늘날 우리가 말하는 사고가 일어나는 곳으로 보았다. 이를 흔히 사고의 '심주설心主說'이라고 하는데, 이에 비해 모든 사고가 뇌에서 일어나는 것으로 보는 입장을 '뇌주설腦主說'이라고 한다. 그러나 과거 우리, 더 정확하게는 전근대 동아시아의 대부분 지역과 사람들은, 사고는 심장에서 이루어진다고 보았다. 지금도 이런 관점에서의 용법이 남아 있다. 예를 들면 '소심小心'하다(심장의 기를 줄인다, 마음을 졸인다)든가 '한심寒心'하다(심장의 기가 차다)든가 하는 용례가 그것이다. 이런 용례는 모두 과거의 전통적인 사고방식을 바탕으로 한 것이다. 이는 다른 장기에 대해서도 마찬가지다.

　앞에서 심주설이라는 표현을 썼는데, 정확하게 말하자면 '몸주설'이라고 해야 한다. 왜냐하면 사고는 근본적으로 심장에서 이루어지지만 다른 장기도 사고에 관여하기 때문이다. 그런 예의 하나가 '대담大膽하다(쓸개의 기가 세다)는 표현이다(엄밀하게 말하자면 '사고'라는 개념 자체도 없었다).

그럼에도 불구하고 오늘날 우리는 간이나 심장이나 폐와 같은 이름으로 과거의 장기가 아닌 기관을 가리키고 있다. 우리가 써왔던 오장육부라는 장기의 개념 대신 근대 과학적인 기관이라는 개념이 그 자리에 들어섰다. '명'은 그대로인데 '실'이 바뀐 것이다.

요즈음 사람들은 과거의 이름은 알지만 그 이름으로 가리키던 '실'은 잊었다. 원래의 '실' 대신 전혀 새로운 개념의 '실'만 알 뿐이다. 그래서 원래의 이름을 쓰는 한의학의 '실'을 모른다. 간에 열이 있다든지 심장에 화火가 있다든지 하는 말은 헛소리로 들릴 뿐이다. 소통이 되지 않는다.

어차피 이름은 사람이 만드는 것이다. '실'도 시대에 따라 바뀐다. 명실이 모두 바뀐다. 그러나 명과 실의 괴리가 크면 클수록 소통은 더 어려워진다. 그럼으로써 결국 피해를 보는 것은 민중이다. 오늘날 정명이 필요한 이유는 바로 여기에 있다. 그러기 위해 과거의 명과 실이 무엇이었는지, 또한 지금의 명과 실이 무엇인지를 아는 것, 한 마디로 동서와 고금의 문제를 정확히 이해하는 것이 오늘날 우리의 임무가 되는 까닭이다.

기에 대해 아십니까?

'기'라는 말은 일상에서 흔히 쓰이고 있기 때문에 보통은 기가 무엇인지 묻지 않는다. 감기에 걸렸다, 기가 막히다 같이 기분, 기운 등 기라는 글자가 들어간 말이 많다. 그러나 막상 기가 무엇인지를 물으면 답하기 쉽지 않다. 예를 들어 '기분氣分'이란 무엇일까?

국어사전을 보면, 기분은 '대상·환경 따위에 따라 마음에 절로 생기며 한동안 지속되는, 유쾌함이나 불쾌함 따위의 감정'이라고 되어 있다. 이 사전에 따르면, 기분은 감정의 일종인데 왜 기라는 글자가 들어 있을까? 기분을 한자 그대로 풀면 '기의 몫'이라는 뜻인데, 왜 사전에는 이런 뜻이 들어 있지 않을까? 이런 정의는 기분이라는 말을 제대로 설명하고 있는 걸까? '감기感氣'는 '기를 느꼈다'는 말인데, 도대체 기가 무엇이기에 그저 느꼈을 뿐인데 감기라는 병에 걸린 걸까? 심지어 '기절氣絶'하면 심한 경우 죽기까지 한다.

기분이 감정의 일종이라고 한다면 감정은 무엇인가? 우리가 알고 있는 감정은, 인간이 외부의 자극을 오관을 통해 감각하여 뇌에서 반응하는 정신활동의 특수한 형태이다. 여기에 '기'가 끼어들 자리는 없다. 이러한 괴리는 어디에서 생긴 것일까?

근대 이전의 세계

근대 이전의 우리말에서 기분이란, 우리 몸을 기로 본다는 것을 전제로 한다. 아니 몸만이 아니라 이 세상 모든 것을 기로 본다는 전제가 깔려 있다. 이는 전근대 세계에서는 너무도 당연한 전제였다. 몸을 기로 보았을 때, 오장육부와 팔다리, 눈, 코, 귀, 입 등 몸의 모든 부분('부분'이라는 말도 없었다) 역시 기이다. 여기에서 눈으로 보고 코로 냄새 맡고 귀로 듣는 등의 모든 일은 각자가 나누어 맡은 몫이다. 몸이라는 기의 한 부분으로서, 각자가 맡은 일을 '기의 몫'이라고 한다. 각자가 자신이 맡은 몫을 잘하고 있으면 기분이 좋은 것이고 그렇지 못하면 기분이 나쁜 것이다.

각 부분이 자기의 몫을 잘하느냐 못하느냐는 눈이나 코와 같은 부분 자체의 상태에도 달려 있지만 외부로부터의 자극에 따라서도 달라진다. 또한 눈은 간, 코는 폐와 같은 식으로 각 부분은 오장육부와 연관되어 있어서 간이나 폐가 나빠져도 눈이나 코가 나빠지게 되고 그러면 기분이 나빠진다. 그러므로 우리가 쓰던 원래의 '기분'이라는 말은 단순한 감정이나 마음의 상태가 아니다.

기분은 몸이라는 기의 상태다. 이때 몸과 마음은 따로 분리된 것이 아니다. 몸도 마음도 모두 기일 뿐이다. 기의 세계에서는 마음의 상태가 몸에 직접적으로 영향을 미치고 반대로 몸의 상태가 마음의 상태에 직접적으로 영향을 미친다. 몸과 마음을 나누지만 그때의 몸과 마음은 모두 하나의 기이다.

나아가 사람을 둘러싼 모든 환경 역시 기이다. 대상과 나 사이에는 마치 몸과 마음의 관계와 같은 관계가 성립한다. 나와 대상을 나누지만 그렇다고 대상이 나와 독립하여 객관적으로 존재하는 것은 아니다. 몸과 마음이 분리되어 있지 않듯이 대상도 나와 분리되어 있지 않다. 이는 동서를 막론하고 대부분의 전근대 사회에서 일반적인 인식론이었다.

근대는 무엇을 바꾸었는가

그러던 것이 근대화가 진행되면서 모든 것이 바뀌게 되었다. 먼저 대상과 내가 분리되었다. 인간이라는 주체가 부각되면서 대상은 나와 분리된 물질이 되었다. 그럼으로써 대상은 다른 모든 것과의 보편적 연관을 배제당한 채, 주체의 '자유의지'대로 작용을 가할 수 있는 객체가 되었다. 몸과 마음도 분리되었다. 몸은 하나의 물질로, 객관적으로 존재하는 것이 되었다. 몸도 '자유의지'대로 작용을 가할 수 있는 객체가 된 것이다.

　대체로 서양의 경우, 이는 르네상스와 과학혁명을 통해 진행되었고 이를 뒷받침한 것은 자본의 원시적 축적(곧 약탈)이었다. 동양의 경우, 근대화는 대개 제국주의에 의한 식민지화와 같이 진행되었다. 이런 과정은 주로 선교사를 통한 근대 서양의 기계와 의학의 도입으로 시작되어 근대 서양의 '과학'의 정착으로 완성된다. 기의 세계가 근대 서양과학의 세계로 뒤집힌 것이다. 이제 전근대적인 사고방식을 갖고 있는 사람은 미개하여 시대에 뒤떨어졌으며 소위 전통이라는 미신에 빠져 있는 사람으로 간주된다.

'기분'이라는 말에서 알 수 있듯이 근대에서의 몸은 전근대의 몸과는 전혀 다른 몸이다. 그럼에도 불구하고 사람들이 이를 잘 알아채지 못하는 이유의 하나는 근대의 '과학'이 동아시아의 전통적인 용어를 그대로 차용했다는 이유가 있을 것이다. 이런 일은 일본의 『해체신서解體新書』(1774)에서 정식화되었다. 여기에서는 근대서양 과학에서의 '리버Liver'를 전통 용어를 빌려 '간肝'이라고 했다. 나머지 다른 해부학 용어도 마찬가지다. '너브nerve'와 같이 기존에 없던 것은 '신경神經'이라는 식으로 기존의 용어를 가져다 재구성했다. 그래서 사람들은 아무 의심 없이 마치 그것이 원래의 개념이었던 것처럼 생각한다. 그러다 보니 전근대에서 쓰이던 대부분의 말은 이해할 수 없거나 황당한 것이 되어버렸다. 전근대의 말을 정확하게 이해하려는 것은 단순히 끊어진 전통을 잇기 위해서가 아니다. 오늘의 근대를 정확하게 이해하여 그것을 극복하기 위해서 전근대의 말을 이해할 필요가 있는 것이다.

목 넘김까지 상쾌한 맥주

땀을 흘리고 나서 먹는 맥주 한 모금은 그 어느 것보다 상쾌하다. 일을 하거나 운동을 하고 난 뒤의 맥주는 참으로 끊기 어려운 유혹이다.

　한의학에서는 맥주를 찬 성질로 본다. 먹으면 몸을 차게 하는 효과가 있다는 말이다. 맥주 자체도 차지만 이 맥주를 차게 하여 먹으면 찬 성질은 더 커진다. 일이나 운동을 하여 몸이 더워지고 땀을 흘려 수분도 모자란 상태에서 맥주를 먹으면 그 찬 성질 때문에 금방 몸이 차지고 갈증도 없어진다. 땀을 흘린 뒤의 시원한 맥주가 상쾌하게 느껴지는 것은 단지 맥주의 온도와 그 톡 쏘는 맛 때문만은 아닌 것이다.

　그러나 몸이 수분을 간절히 원하고 있을 때 먹는 맥주가 독이 될 수 있다는 것을 사람들은 모른다. 수분이 부족한 상태에서 맥주를 마시면 그 맥주는 혀에서부터 흡수되기 시작하여 위胃에 머물 시간도 없이 바로 몸 안으로 흡수된다. 이 찬 기운은 일차로는 위 자체를 차게 하고 나아가 곧바로 콩팥으로 가서 콩팥을 상하게 한다. 찬 맥주를 많이 먹으면 속이 더부룩해지고 소화가 잘 안 되는 경우가 있는데, 이는 맥주의 찬 성질이 위를 공격했기 때문에 그런 것이다.

또한 설사를 자주 하기도 하는데, 이는 맥주의 찬 성질이 대장에까지 미쳤기 때문이다. 그러나 정작 중요한 문제는 맥주의 찬 성질이 콩팥을 상하게 한다는 데에 있다.

한의학에서 콩팥은 소변보다는 생식 능력, 생명의 근원이면서 뼈(骨)의 건강을 책임지고 있는 곳이다. 그래서 콩팥이 약해지거나 풍(바람), 한(찬 기운), 습(습한 기운) 등의 피해를 받으면 허리나 관절이 아프게 된다.

맥주는 물로 되어 있으므로 습한 기운이 많다. 그리고 맥주의 원료인 보리나 호프의 성질은 차다. 물과 보리(호프)로 만들어진 맥주는 습하면서 찬 음식이다. 이 찬 음식이 곧바로 내려가 콩팥을 치기 때문에 콩팥이 상하게 된다. 그 대표적인 병이 통풍이다.

통풍은 근대 서양의학에서는 요산尿酸 때문이라고 말한다. 요산은 세포 구성 물질인 퓨린이 간에서 대사되고 나서 만들어지는데, 이는 콩팥을 통해 배출된다. 그러나 퓨린의 양이 크게 증가하거나 콩팥의 기능이 떨어지면 핏속의 퓨린 농도가 높아지고 이것이 요산염 결정urate crystals이 되어 관절에 쌓이면 통풍이 된다. 그래서 퓨린이 많이 들어간 등 푸른 생선의 섭취를 제한하거나 요산 농도를 낮추는 치료를 하게 된다. 갈증이 나는 상태에서 맥주를 마셔도 요산 수치가 증가한다고 한다. 그러므로 이런 습관이 반복되면 통풍이 발생하기 쉽다고 보는 것이다. 그러나 이를 한의학적으로 보면 풍한습風寒濕이 원인이며 더 근본적으로는 콩팥 기능이 떨어졌기 때문이다.

맥주는 풍한습 중 한습의 두 가지를 겸비한 음식이다. '치맥'(치킨과 맥주)이라는 말이 있는 것처럼 맥주의 안주로 더운 성질의 닭고기가 선호되는 것은 찬 기운과 더운 기운을 같이 먹어서 음양의 조화를 꾀하기 위한 것이다. 사람들은 자신이 알든 모르든 본능적으로 음양의 조화를 맞춰서 몸을 보호하려는 것이다.

닭고기를 튀기면 더운 성질이 더 커진다. 반면 삶으면 더운 기운이 수그러든다. 맥주 안주로 닭백숙을 먹는 경우는 별로 없다. 많은 사람들이 후라이드 치킨을 가장 좋아하는 것도 바로 이런 이유 때문이다. 그러므로 맥주를 마실 때는 가능하면 닭고기처럼 더운 성질의 음식을 곁들이는 것이 좋다. 다만 '튀기게' 되면 더운 성질이 너무 강하게 되므로 가능하면 전기 통닭처럼 '굽는' 것이 좋다. 한편 맥주는 습하기 때문에 강냉이나 팝콘 같이 건조한 성질을 갖고 있는 음식도 좋은 짝이 된다.

땀을 흘리고 난 뒤에는 몸의 기가 약해진 상태다. 이때 찬 기운이 몸에 들어오게 되면 우리 몸은 찬 기운을 막을 힘이 약해져 있어

"치맥" 만세!
찬 성질의 맥주와 따뜻한 성질의 치킨 요리는 좋은 궁합의 조합이다.

서 쉽게 다치게 된다. 이런 찬 기운은 맥주만이 아니라 찬 에어컨이
나 찬물 혹은 음료도 마찬가지다.

그래서 한의학에서는 땀을 흘리고 나서는 먼저 마른 수건으로
땀을 닦아내고 서늘한 곳에서 땀을 들인 다음에 목욕을 하던 무얼
먹던 해야 한다고 말한다. 목이 마를 때에도 상온이나 따뜻한 물을
마시라고 말한다. 땀을 내거나 갈증이 날 때는 먼저 상온이나 따뜻
한 물을 마셔 일차적인 갈증을 없애고 나서 다른 음료를 먹는 것이
바람직하다.

술 이야기가 나온 김에 몇 가지만 더 말한다면 맥주와 같이 낮
은 도수의 술은 찬 기운이 많고 고량주나 위스키, 보드카 같이 도수
가 높은 술은 더운 기운이 많다. 도수가 높을수록 더운 기운이 더 세
다. 그러므로 주위 환경이나 그 사람의 몸 상태나 체질에 따라 가려
마셔야 한다. 더운 여름에는 일반적으로 도수가 높은 술을 마시는
것이 좋으며 평소 몸이 찬 사람, 사상의학에서 말하는 소음인은 더
그러하다. 반면에 겨울과 같이 추울 때는 오히려 도수가 낮은 술도
큰 문제가 없다. 그러나 많이 마시면 몸이 차게 되므로 도수가 낮은
술은 언제나 많이 마시지 않는 것이 좋다.

그렇다고 도수가 높으면 많이 마셔도 좋다는 의미는 아니다. 무
엇이든 극에 달하면 다시 반대로 변하듯 열이 지나치게 많으면 다시
찬 기운이 된다. 또한 찬 기운만이 아니라 더운 기운 자체도 지나치
면 몸을 상하게 한다.

지금까지 갈증이 날 때 맥주를 마셔도 아무렇지 않았다고 강변
할지도 모르겠다. 사람도 변하고 자연도 변한다. 변하는 데에 따라

맞추어가는 것이 자연의 이치다. 변화를 무시한다고 해도, 당장 큰 병이 생기지 않는다는 의미에서 어느 정도까지는 상관없다. 그러나 가랑비에 옷이 젖고 잔 매 앞에 버틸 장사는 없는 법이다. 병은 밖에서 갑자기 찾아오기도 하지만 대부분은 내가 차곡차곡 쌓아서 만드는 것이다. 그러므로 세 치 혀끝에서의 쾌감을 위해, 목 넘김의 상쾌함을 위해 목 아래까지 버려서야 쓰겠는가. 생명의 근원인 콩팥을 상하게 해야겠는가.

맛집 찾는 방법

맛있는 집을 찾아 헤매는 사람들이 많다. 끼니때가 되면 사람들의 관심사는 무얼 먹을까보다는 어느 집에 가야 맛있는지에 대해 더 관심이 많은 것 같다. 그리고 마침내 어떤 '맛집'이 결정되면 아무리 오랫동안 기다리더라도 꼭 그 집 음식을 먹어야 한다. 줄이 길게 늘어선다.

나온 음식을 놓고도 논쟁이 분분하다. 이 집은 무엇이 특징이라거나 다른 집은 어떻다는 비교도 나온다. 재료에서부터 요리 방법까지 제법 전문가다운 의견도 나온다.

인터넷에는 이런 데에 관심 있는 사람들이 모이는 카페도 많다. 온라인상으로 토론하는 것은 물론 삼삼오오 모여서 맛집 순례를 한다. 그런 모임이 있고 나면 다시 인터넷 카페가 뜨겁게 달아오른다. 과거에 비해서 방송은 물론 여러 매체에 음식에 관한 글이나 사진이 많이 올라온다. 한때 텔레비전에서 소개한 맛집의 많은 부분이 조작된 것이라는 비판도 많았지만 맛집은 여전히 초미의 관심사다. 전문적으로 음식 평론만 하는 사람도 늘었다.

그러나 맛집을 가본 사람은 실망하는 경우가 많다. 나 역시 지금까지 맛있다는 집에 가서 실망하지 않은 적이 거의 없다. 그럴 수도 있다. 그럼에도 불구하고 사람들은 꾸준히 맛집을 찾아다닌다.

『중용』이라는 책에 이런 구절이 나온다.

"음식을 먹지 않는 사람은 없지만 맛을 아는 이는 드물다."

참으로 적절한 말이라고 생각한다. 실제로 음식점을 하는 한 후배로부터 이런 이야기를 들었다.

'자기가 처음에 음식점을 시작하니 소위 미식가라고 하는 사람들이 심심치 않게 찾아왔다. 어떤 사람은, 자기(또는 자기네)가 잘 소개해준다며 거저먹기를 원하기도 하고 심지어 돈을 요구하는 사람도 있었다. 솔직히 초기에는 그런 유혹에 넘어갈 수밖에 없었지만 지금은 그렇지 않다. 왜냐하면 음식을 제대로 잘 만들면 손님이 오는 것이지 광고를 잘 해서 오는 것은 아니라는 걸 깨달았기 때문이다. 그래서 그 후로는 더욱더 재료와 요리에 신경을 쓰게 되었고, 지금은 연구소까지 차려서 제대로 연구하고 있다.'

음식점에 들어가기 위해 줄지어 서 있는 사람들

한번은 이런 일도 있었다고 한다.

"인터넷에서 꽤 유명한 어떤 음식 카페 회원들이 찾아왔다. 그런데 이 사람들이 자기 음식에 대해 하는 말을 들어보니 음식에 대해 제대로 아는 사람이 별로 없었다. 그래서 메뉴에 없는 새로운 요리를 내놓고 어떻게 반응하나 보았더니 많은 사람들이 양념은 물론 재료조차 제대로 맞추지 못했다."

참으로 맛을 알기는 어렵다. 거기에 사람마다 취향이 달라서 맛에 대해 말하기가 더 어렵다. 그러나 여기에서 말하려는 맛은 혀에서 느끼는 맛이 아니라 몸의 건강이라는 차원에서의 맛이다. 기로서의 맛이다. 그런 차원에서 맛집을 고르는 원칙을 말하려 한다.

맛집을 찾는 제1원칙은 체인점을 피하는 것이다. 단 실제로 직영하는 직영점은 예외다(무늬만 직영점인 곳은 주의).

체인점은 대부분의 음식을 대량으로 생산하는 공장에서 만들어 공급한다. 아무리 노력한다고 해도 인스턴트식품 이상을 기대할 수 없다. 그러나 음식의 맛을 유지하기 위해 체인점의 유혹을 뿌리치는 사람들이 아직도 있다. 잘 찾아보면 있다.

맛집을 찾는 제2원칙은 가급적이면 대형 음식점을 피하는 것이다. 음식은 어느 정도 양이 되어야 맛이 나기 마련이지만 너무 많으면 고유의 맛을 잃기 십상이다. 여기에 보관의 문제까지 나오면 큰 음식점에서는 무리를 할 수밖에 없다. 그러나 손님이 더 늘어날까봐 언론에 나오는 것도 거절하는 음식점도 있다. 잘 찾아보면 있다.

맛집을 찾는 제3의 원칙은 일 년 내내 똑같은 메뉴와 똑같은 맛을 내는 음식점을 피하는 것이다.

너무 당연한 말이지만 모든 음식의 재료는 계절에 따라 맛이 달라진다. 재료에 따라서는 아예 나오지 않는 경우도 많다. 그러므로 일 년 내내 똑같은 메뉴를 만든다는 것은 거의 불가능하다. 똑같은 맛을 낸다는 것은 완전히 불가능하다. 그럼에도 체인점의 음식은 일 년 내내 똑같은 메뉴에 똑같은 맛이 난다. 똑같은 메뉴를 유지하고 똑같은 맛을 내기 위해서는 어떻게 해야 할까. 역시 인스턴트식품 이상의 노력이 필요하지 않을까. 아니 그 이상의 노력이 필요하지 않을까.

넷째는 뷔페나 퓨전 음식점을 피하는 것이다. 음식끼리는 서로 맞는 것도 있고 같이 먹어서 나쁜 것도 있다. 그러므로 온갖 음식을 함부로 먹게 되는 뷔페를 피한다. 또한 음식 사이의 관계를 이해하지 못하고 만든 새로운 음식, 그렇게 만든 음식이 사람의 몸에 어떤 영향을 주는지 확인할 수 없는 퓨전 음식은 피한다.

다섯째는 맛의 기준을 획일적으로 정하지 않는 것이다. 음식은 때에 따라서도 먹는 것이 달라지지만 사람에 따라서도 달라진다. 아기가 먹는 음식과 어른이 먹는 음식이 다르고 몸이 찬 사람과 더운 사람이 먹는 음식이 다르다. 맛 역시 다르다. 그럼에도 언론에서는 맛집 경쟁을 시켜 '이것이 진정한 짜장면'이라는 식으로 광고하고, 요리사들은 이렇게 하면 맛있다고 하면서 그 맛을 내기 위해 고정된 레시피를 내놓는다. 남에게 좋은 음식이 내게도 좋은 것만은 아니며, 남에게 맛있는 음식이 내게도 맛있는 것만은 아니다. 그럼에도 맛을 획일화하려는 목적은 이윤의 극대화뿐이다.

하나의 맛을 두고 모든 사람이 맛있게 여기게 되면 큰 문제가 생긴다. 가장 중요한 것은 그 맛을 내는 재료에 수요가 몰려 다른 재료는 밀려나게 된다는 점이다. 대표적인 것이 밀과 쌀의 관계다. 미국의 원조로 시작된 '분식 장려' 정책은 이제 우리나라를 수입 밀가루가 없으면 살 수 없는 나라로 만들었다. 음식이라는 측면에서만 보면 오늘날 농촌의 피폐화는 밀가루를 맛있게 여기게 하는 모든 사람들과 거기에 중독된 소비자에 의해 초래된 것이다.

이렇게 원칙을 말하면 그런 원칙에 맞는 음식점을 찾기 쉽지 않다는 볼멘소리가 나올 것이다. 그러나 1990년대가 시작되기 이전에는 이 원칙에 맞는 음식점이 대부분이었다. 90년대부터 음식이 이윤 추구의 주요한 수단이 되면서 음식점에 일대 혁명이 벌어진 것뿐이다. 지금으로부터 20년이 좀 넘었을 뿐이다. 그 짧은 사이에 제대로 된 음식점이 거의 사라져버린 것이다. 또 이렇게 말할지도 모른다. 조그만 음식점이라고 해도, 아니 규모가 작을수록 공장에서 배달받는 식재료로 만드는 데가 대부분이라고.

맞다. 오늘날 음식점은 규모가 영세할수록 수지타산을 맞추기 어려워 공장에서 공급하는 싸구려 재료를 쓰는 곳이 많다. 그러나 잘 찾아보면 있다. 제대로 된 음식점이 분명히 있다.

어쩌다 지방에 가면 아직도 위에서 말한 원칙에 맞는 음식점이 많은 동네가 있다. 나는 그런 음식점들을 보며 내심 흐뭇해하는데도 그 동네 사람들의 다수는 자신들이 낙후되었다고 생각한다. 그 흔한 브랜드 커피 전문점과 빵집 하나 없다는 것이다. 그러나 나는 흐뭇하다. 오늘 한 끼는 제대로 먹을 수 있겠다는 기대 때문이다.

아직은 위에서 말한 원칙을 적용하기 어려울지 모른다. 그러나

나 하나부터 바뀌어야 한다. 다들 도둑질한다고 나마저 도둑질할 수는 없는 일 아닌가. 한 사람이라도 실천하는 사람이 있으면 음식점도 바뀐다. 그리고 자꾸 말하자. 음식 좀 달게 하지 말아달라고. 조미료 좀 쓰지 말아달라고. 혀에 좋은 맛은 없어도 좋으니 건강에 좋은 맛을 내달라고.

요리는 권력이다

오늘날 흔히 쓰이는 '요리料理'라는 말은 일본말이다. 우리나라 최초의 대중적인 요리책으로 알려져 있는 책의 이름도 『조선요리제법朝鮮料理製法』(1917)이다. 그러면 요리에 해당하는 우리말은 무엇일까.

과거에는 음식을 먹기 위해 준비하는 것을 '차린다'고 하였다. 음식을 차린다는 말은, 음식을 장만하여(사거나 만들어서) 먹기 좋게 상 위에 늘어놓는다는 뜻이다. 그런데 '차리다'는 말은 '디미다'로도 쓰였던 것으로 보인다. 이는 판소리 흥보가 중 흥부 마누라 음식 차리는 대목 중 "음식을 채리는디"라는 사설을 '음식을 디미는디'로도 부르기 때문이다(박동진 명창의 흥보가 사설). 또한 『음식디미방』이라는 책 제목도 그럴 가능성을 높여준다.

보통 '음식디미방'에서 '디미'를 지미知味로 보아 '맛을 알다'는 의미로 푸는데, 만일 그렇다면 '음식디미방'은 '음식의 맛을 아는 방법'이라는 뜻이 되어 요리책 제목으로는 적합하지 않다. '디미'를 '차리다'는 뜻으로 보면 '음식 차리는 법'이라는 뜻이 되어 비교적 합당한 제목이 될 수 있다.

필자는 기존의 견해처럼 '디미'라는 말을 '지미'로 표기했을 것으로 보지만 '지미'는 맛을 안다는 뜻이라기보다는 '맛을 알린다', '맛을 드러낸다'는 의미일 것으로 본다. 첫째 이유는 '맛을 알다'는 뜻으로는 '기미氣味하다'는 말이 따로 있기 때문이다. 둘째 이유는 '지知' 자 자체의 뜻이 그러하기 때문이다. '지'는 이치를 몸으로 느껴 깨닫는 것, 그것을 화살처럼 빠르게 드러내는 것이다. 여기에서 '드러내는 것'은 바로 음식의 기미다. 그리고 그렇게 드러내는 방법이 오늘날 말하는 '요리'다. 그러므로 '지미'한다는 것은, 일차적으로는 음식이 갖고 있는 본래의 기미를 드러내는 일이고 나아가서는 그 기미를 필요에 따라 바꾸는 일이다.

기미를 바꾸기 위해서는 음식에 물이나 불과 같은 다른 기를 더하거나 다른 음식을 더해 새로운 관계를 만들어야 한다. 필자는 바로 이런 과정이 바로 '지미'이며 이것은 우리말인 '차림' 또는 '디미'를 한자로 표기한 것일 것으로 본다.

음식을 차린다는 것은 바로 이런 의미일 것이다. 그것은 음식이 갖고 있는 음식 자체의 기미를 드러내는 일이며 사람의 몸은 물론 음식이 맺고 있는 모든 보편적인 연관을 드러내는 일이기도 하다. 그러나 요리의 의미는 여기에서 그치지 않는다.

훗날 상商나라를 세우게 되는 탕왕은 하나라를 무너뜨리기 위해 이윤伊尹이라는 사람을 불렀다. 이윤의 출신에 대해서는 여러 설이 있는데, 그중 하나는 이윤이 요리사 출신이라는 것이다. 그래서인지 탕왕에게 갈 때 이윤이 솥을 짊어지고 갔다고도 한다. 그래서 동아시아에서 요리는 이윤으로부터 시작되었다고도 말한다. 요리와 같은 의미를 갖는 탕약의 기원도 이윤이라고 하는 말이 전해지는 것을 보면 이윤과 요리의 관계는 분명한 것으로 보인다.

이 솥 아홉 개를 갖는다는 것은 곧 천하를 갖는 것이었다. 요리를 하려면 솥이 필요하다. 이 솥을 '정鼎'이라고 하는데, 청동기로 만들었으며 뚜껑이 없다. 이 솥은 단순히 요리를 위한 솥이 아니라 그 자체가 왕의 권위 또는 정통성을 상징하는 것이기도 했다. 요리를 위한 솥이 왕권의 상징이라면 요리 역시 그에 버금가는 중요성을 갖는 것으로 보아야 한다.

『여씨춘추』에는, 요리를 하려면 여러 재료와 요리를 하기 위한 조건들이 필요한데, 이는 아무나 갖출 수 없는 것이며 오직 천자만이 갖출 수 있는 것이라는 말이 나온다. 소위 요리라는 것은 아무나 할 수 있는 것이 아니고 또 아무나 해서도 안 되는 것이라는 말이다. 그렇다면 이윤이 주방장 출신이라는 것도 그의 출신이 비천하다는 의

상나라의 정鼎(상하이 박물관)
정은 솥이라기보다는 권력의 상징이었다.

미보다는 맹자가 말한 것처럼 '요순의 도'를 체득한 사람이라는 의미로 해석할 수 있다. 또한 이윤이 정을 짊어지고 탕에게 갔다는 전설도 탕의 왕권을 정당화 내지 강화하기 위한 것으로 이해할 수 있다. 당시에 정을 옮긴다는 것은 왕조를 옮긴다는 뜻이었기 때문이다.

이러한 논의를 뒷받침하는 것은 이윤이 요리로 탕임금에게 정치를 설명하는 대목이다. 보통은 이를 하나의 비유로 간주하지만, 만일 요리가 왕권과 깊은 연관이 있다면 그것은 단순한 비유로 간주할 수 없게 된다. 『여씨춘추』의 맛과 요리에 대한 이야기를 살펴보자.

탕임금이 이윤을 얻고 나서 제사를 지내고 이윤을 만났다. 이윤이 지극한 맛[지미至味]의 도리에 대해 이야기하니 탕임금이 지금 바로 그 맛을 만들 수 있는지를 묻는다. 그러자 이윤은, 탕임금의 나라가 작아서 아직 할 수 없다고 말한다. 왜냐하면 요리를 하기 위해서는 먼저 식재료에 대한 이해와 이를 조리하는 방법에 대한 이해가 필요하며 천하의 가장 좋은 식재료를 구할 수 있어야 하고 이를 운반할 교통수단이 갖추어져야 하는데, 이는 천자가 아니면 할 수 없는 일이기 때문이다.

그리고 천자가 억지로 하려 한다 해서 될 수 있는 것이 아니라 먼저 도道에 대해 알아야 한다고 말한다. 도, 곧 길은 다른 사람에게 가는 길이지만 도 자체는 내게 있는 것이다. 요리는 다른 사람을 위해 만드는 것이지만 요리 자체는 내가 하는 것이다. 그러므로 내가 온전하게 도를 깨달아 실천해야 비로소 천자가 될 수 있는 것이다. 그래야 나도 완성되고 남까지 완성될 수 있게 된다. 이렇게 보면 요리는 단순히 식재료를 변화시키는 일이 아니라 천하를 다스리는 방법이자 그 결과라고 할 수 있다.

　요리는 날 생선을 그냥 썰어만 놓거나 굴을 까서 레몬즙을 떨어뜨리는 것과 같이 단순한 것부터 오랜 시간을 두고 숙성시키거나 여러 가지 재료를 섞고 물과 불로 달이는 방법까지 매우 다양하다. 이 중에서 역사적으로 중요한 것은 불을 이용한 요리다. 왜냐하면 불을 이용한 요리가 "역사상 가장 위대한 혁명적 혁신 중 하나로 취급받을 자격이 있는 이유는 그것이 음식을 변형시키기 때문이 아니라(음식을 변형시키는 방법은 조리 말고도 수없이 많다) 사회를 변형시켰기 때문이다(펠리스 페르난데스-아르메스토, 『음식의 세계사 여덟 번의 혁명』)."

　요리는 '공동의 식사와 예측 가능한 식사 시간을 중심으로 사회를 조직하는 방식'이다. 요리는 천하를 얻은 결과일 수도 있고 반대로 천하를 얻기 위한 방법일 수도 있다는 말이다. 인류는 그 탄생에서부터 아주 오랜 시간 동안 두 끼 식사를 했다. 그러던 것이 자본주의가 탄생하면서 공장의 3교대에 맞춰 세 끼 식사로 바뀌었다. 우리나라는 오랫동안 쌀을 주식으로 했지만 미군정을 계기로 밀가루가 주요한 곡식으로 바뀌었다. 밀 수입이 늘어나는 만큼 농촌은 점점 더 피폐해져갔다. 사회가 바뀌었다.

　좋은 음식을 먹을 수 있다는 것은 그만한 재력과 권력이 있다는 말이다. 그런 음식을 먹음으로써 자신의 재력과 권력을 재생산하는 것이다. 요리는 한 마디로 세상을 바꾸는 권력이다. '내가 먹는 것이 바로 나'이기도 하지만 내가 먹는 것이 바로 나와 남을 바꾸는 일이기도 하다.

　내가 무심코 먹는 음식, 내가 한 요리 하나가 세상을 바꾸는 것이다. 그럼에도 불구하고 먹방에서는 오로지 맛만 이야기 한다. 그것도 거의 단일한 맛의 기준을 세움으로써 이제는 자연까지도 파괴하고 있다. 커피나 바나나 같은 단일한 입맛에 맞춰 대규모 단일 작물의 생산이 이루어져 생태계가 파괴되고 있는 것이다.

흔들려야 건강하다 1

아마 유행가의 절반 이상은 사랑 노래일 것이다. 그런데 많은 사랑 노래는 슬프거나 쓸쓸한 내용이다. 이루어지지 못할 사랑을 노래하 거나 헤어져 아픈 내용이 많다. 물론 기쁜 노래도 있지만 적어도 현실에서 기쁜 사랑을 누리는 사람은 그렇게 많아 보이지 않는다. 필자의 직업상, 일상적으로 만나는 사람들이 아픈 사랑 때문에 병든 사람들이기 때문에 그렇게 느끼는지도 모르겠지만 분명한 것은 현실에서의 사랑은 그렇게 쉽지만은 않다는 것이다.

내가 사랑하면 그 사람이 나를 사랑하지 않고, 그 사람이 나를 사랑하면 내가 사랑하지 않는 엇갈린 사랑이 많다. 서로 사랑하게 되더라도 다른 여건이 두 사람을 갈라놓기도 한다. 때로 죽음이 두 사람을 갈라놓기도 한다.

사랑은 왜 쓸쓸한 것일까? 한마디로 말하자면 세상은 변하고 있는데 내가 하는 사랑만은 변하지 않는 것으로 생각하기 때문이다. 세상이 변하듯 사랑도 변해야 한다. 내가 사랑하는 사람도 변하고 나와 사랑하는 사람을 둘러싼 환경도 변한다. 물론 나 자신도 변한다. 이렇게 변하는 것은 모든 것이 흘러가는 시간 속에 있기 때문이다. 내가 시간을 벗어날 수 없다면 나는 다만 변화하는 것들 속에서 그 변화에 맞추어 살아가야 한다. 그러지 않는다면 그것은 마치 흐르는 물 가운데 혼자 서 있는 것과 같다. 지금 나를 감싸고 있는 물을 내가 아무리 사랑한다 해도 그 물은 시간이 지나면 흘러가버린다. 늘 새로운 물이 흘러온다. 만일 나를 감쌌던 물을 계속 사랑하고 싶다면 흘러가는 물을 따라 나도 흘러가야 한다. 그러나 대부분의 사람들은 자신은 가만히 있으면서 흘러가는 물을 아쉬워하고 혼자 남아 외로워하고 떠난 물을 그리면서 슬픔에 잠기거나 때로 분노하기도 한다.

이런 일은 결혼을 한 신혼부부에게 흔히 나타난다. 결혼은 두 사람의 결합이 아니라 두 사람이 갖자 맺고 있던 모든 사회관계와의 결합이다. 결혼을 하면 두 사람은 법적으로든 사회적으로든 지위가 변한다. 새로운 사람을 만나 새로운 관계를 맺게 되고 거기에서 새로운 일이 끊임없이 생긴다. 이때 상대의 새로운 모습을 보면서 자기가 생각했던 것과 다른 모습을 보게 되면 이렇게 말한다.

"당신 그런 사람인 줄 몰랐다."

"결혼하더니 사람이 변했다."

모든 것이 변했는데 나만 변하지 않는 기준으로 상대를 생각하는 것이다. 자기는 흘러가는 물속에 가만히 서서 흘러가는 물을 탓하는 것이다.

시간의 흐름에 따라 모든 것이 변하는 것은, 모든 사물은 다른 것과 관계를 맺으면서 일정한 영향을 주고받고 그러면서 흔들리기 때문이다. 그 흔들림을 '감응感應'이라고 한다. 그 흔들림은 물리적인 흔들림만이 아니라 몸과 마음의 흔들림과 같은 질적 변화를 가져오는 흔들림이다. 마치 아름다운 음악을 듣고 기분이 좋아지거나 웅장한 풍경을 보고 가슴이 벅차오르는 것처럼 서로에게 질적인 변화를 일으키는 흔들림이다.

이런 흔들림을 통해 모든 사물은 변해간다. 만일 흔들림이 없다면 그것은 생명이 아니다. 여기에서 생명이라고 한 것은 생물학적인 의미에서의 생명이 아니라, 태어나서 자라고 결국에는 없어지게 된다는 의미에서, 그래서 다시 태어난다는 의미에서 말하는 생명이다. 그러므로 생명은 이 세상의 모든 것들을 포함한 것이다. 거꾸로 말하면 이 세상의 모든 것들은 모두 생명이다. 돌도 하나의 생명이다. 먼지가 쌓여 돌이 되고 돌은 다시 부서져 먼지가 된다. 그런 의미에서 돌도 생명이다. 그러므로 이 세상에 생명 아닌 것이 하나도 없는 것처럼 흔들리지 않는 것도 하나도 없다.

그럼에도 사람들은 자기가 생각했던 것, 믿는 것을 고집한다. 때로는 여기에 자기의 욕망을 더하여 대상을 자기 생각에 맞게 바꾸려 하거나 소유하려 한다. 물이 흐르지 못하게 가두려 하기도 하고 새로운 물에게 지나간 물의 미덕을 요구하기도 한다.

이런 일은 사랑에만 해당하는 일이 아니다. 돈과 명예, 권력도 마찬가지다. 많은 사람들은 그런 것을 추구할 만한 때가 아닌데도 그것을 추구하거나 그것이 고정된 자신의 생각(목표)에 미치지 못하면 불안하고 초조해지며 분노하거나 좌절한다.

나아가 이런 일은 건강에서도 마찬가지다. 사람들은 고혈압의 기준은 120/80mmHg이고 당뇨는 126mg/dL, 고콜레스테롤혈증은

240mg/dL이라고 믿는다. 그러나 이 기준은 의학적으로 건강한 사람(큰 질환이 없고 술과 담배를 거의 하지 않은 정상인)의 측정치로부터 가장 높은 쪽과 가장 낮은 쪽의 2.5퍼센트를 제외한 95퍼센트를 말하는 것으로, 이것이 건강의 기준이라고 할 수는 없다. 다만 참고 자료일 뿐이다. 왜냐하면 건강한 사람의 수치가 그렇다는 것이지 이런 수치를 맞춘다고 해서 반드시 건강하다는 역은 성립하지 않기 때문이다.

실제로 소위 '정상' 혈압인 사람이 뇌출혈 등을 일으키는 예는 흔하게 볼 수 있다. 나아가 이 기준은 시대와 사회에 따라 달라질 수 있다. 예로 고혈압의 경우, 미국은 고혈압의 기준을 140/90에서 130/80으로 내렸다(2017년). 120/80이 '정상'이라고 규정한 것이다. 반면 우리나라의 고혈압 기준은 140/90이다. 미국을 따라하지 않은 것은 건강에 대한 배려 때문이 아니라, 미국의 기준을 적용하게 되면 고혈압 환자가 너무 늘어나서 사회적 비용이 크게 증가하기 때문이다.

한번 걸리면 평생 매일 먹어야 하는 약을 둘러싼 이해관계도 생각해봐야 한다. 각종 질병의 기준이 내려갈 때마다 어마어마한 돈을 버는 사람은 누구일까. 그 밖에 여러 가지 간 수치 역시 문제가 많다. 간이 80퍼센트까지 망가져도 간 수치는 정상으로 나올 수 있기 때문이다.

사람은 흔들리면서 산다. 거기에 고정되어 흔들리지 않는 기준이 있을 리가 없다. 우리가 '늘', '항상'이라고 믿는 것은 고정된 무언가에 대한 믿음이 아니라 그것이 늘, 항상 흔들릴 것이라는 믿음일 뿐이다.

흔들려야 건강하다 2

흔들린다는 것은 고정되지 않았다는 말이다. 고정되는 것은 두 가지로 나눌 수 있다. 하나는 공간적으로 고정되어 있는 것이고 다른 하나는 시간적으로 고정되어 있는 것이다. 근대 서양의 과학은 흔히 고대의 기하학으로부터 시작되었다고 한다. 기하학은 간단히 말해서 공간을 재는 것이다. 공간을 재기 위해서는 그 공간은 고정되어 있어야 한다. 만일 산의 높이를 재려고 하는데 그 산이 자꾸 높아진다든가 낮아지면 높이를 잴 수 없다. 그러나 현실의 산은 시간의 흐름에 따라 변하고 있다. 그러므로 고정하기 위해서는 시간을 배제해야 한다. 이러한 고정된 공간적 사유가 근대 서양과학의 바탕에 깔려 있다.

이에 비해 시간적 사유는 시간의 흐름에 따른 공간의 변화를 전제로 한다. 그럼에도 현실의 공간은 상대적으로 고정되어 있다. 그러므로 현실을 온전히 이해하기 위해서는 공간적 사유와 시간적 사유가 모두 필요하다. 절대주의와 상대주의를 통일해야 하는 것이다.

병에 대해서도 마찬가지로 말할 수 있다. 병을 고정적인 것, 공간적인 것으로 보는 관점과 시간의 흐름에 따라 몸을 통해 드러나는 가변적인 것, 시간적인 것으로 보는 관점이 있다. 대체로 말하자면 근대 서양의 의학은 전자의 관점을 갖고 있고 한의학이나 대부분의 민속의학folk medicine은 후자의 관점을 갖고 있다.

이첨대동맥판막 폐쇄부전이라는 병이 있다. 물론 이는 근대 서양의학의 병명이다. 선천적인 경우 대개 유전된다. 어떤 젊은 사람이 그 병을 갖고 있었다. 그 사람은 젊은 나이에 그 병의 증상이 드러나서 자신이 그 병을 갖고 있다는 것을 알게 되었다. 반면 그 어머니는 아무런 증상 없이 건강하게 지냈고 80세가 넘어 다른 병으로 수술을 받으려다 그 병이 있음을 알게 되었다. 이럴 때 그 어머니는 이첨대동맥판막 폐쇄부전 환자로 보아야 할까.

사실 우리 몸속에는 기생충을 비롯하여 박테리아 등 무수한 '이물질'이 들어 있다. 아니 우리 몸을 이루는 가장 기본 단위인 거의 대부분의 세포에는 미토콘드리아라고 하는 박테리아가 들어 있다(적혈구 제외). 생명의 탄생과정에서 세포 속으로 들어와 공생하게 된 것이

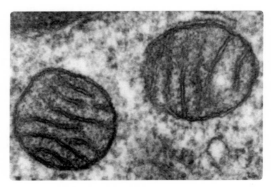

전자현미경으로 촬영한 미트콘드리아

다. 우리 몸의 세포가 60조 개 정도 된다고 할 때 그 세포 속에 100여 개에서 수천 개의 미토콘드리아가 있다고 하니 그 숫자는 쉽사리 가 늠하기 어려울 정도로 많다. 미토콘드리아는 산소를 받아들여 에너 지를 만들기 때문에 미토콘드리아가 없으면 우리는 한순간도 살 수 없다. 그러나 노화 등으로 그 기능에 문제가 생기면 오히려 암과 같 은 질병을 유발할 수 있다.

또 다른 예로 기생충을 들 수 있다. 기생충은 말 그대로 우리 몸 에 기생하고 있는 몹쓸 것이지만 반드시 그렇지만도 않다. 기생충이 거의 박멸되고 나서부터 각종 자가면역질환이 크게 증가했다는 보 고가 있다. 또한 크론씨 병 같은 경우 돼지 편충을 주입하는 방법이 효과적이라는 연구도 있다. 그 밖에 지나치게 청결한 환경이 오히려 아토피와 같은 피부질환을 유발할 수도 있다고 한다.

한의학에서는 병病을 '병幷'이라고 본다. 병이란 우리 몸의 좋은 기[정기正氣]와 나쁜 기[사기邪氣]가 더불어 있는 것이라는 말이다. 치료 방법도 나쁜 기를 직접 없애기보다는 좋은 기를 더 늘려주거나 다른 기를 이용하여 나쁜 기가 사라지거나 줄어들게 만든다. 예를 들어 감기에 걸렸을 때 초기에는 그것이 바이러스든 무엇이든 그런 나쁜 기운을 땀을 내서 밖으로 내보낸다. 절대적으로 좋은 것도 없고 절 대적으로 나쁜 것도 없다. 절대적으로 없어져야 할 것도 없고 반드 시 있어야 할 것도 없다.

공자는 나이가 들어 네 가지를 끊었다고 했다. 첫째로 제멋대로 생각하는 것[의意]을 끊었고 둘째로 반드시 그래야 한다는 것[필必]을 끊었고 셋째로 고정되어 고집하는 것[고固]을 끊었고 넷째로 이기적으로 나 중심으로 생각하는 것[我]을 끊었다고 했다. 이를 실천하려면 그 어느 하나 쉽지 않은 일이다. 그러나 공자의 말대로 끊임없는 실천 속에서 하나씩 고쳐나간다면 우리도 그 경지까지는 아니더라도 큰 잘못을 범하지는 않게 될 것이다.

『논어』라는 책은 "때맞춰 배우고 몸으로 익히면 즐겁지 아니한가"라는 문장으로 시작된다. 이 한 마디가 공자의 평생을 관철한[일이관지一以貫之] 정신이 아닐까 한다. 그럼으로써 스스로 비천한 출신임을 자처한 공자가 성인으로 추앙받을 수 있었을 것이다.

우리 같은 보통 사람들로서 성인은 바라지도 않지만 적어도 내가 하는 언행으로 다른 사람에게 상처를 주는 일은 적어질 것이다. 그러려면 흔들려야 한다. 고정되어 있으면 안 된다. 내 믿음도 내 지식도 내 감정도 흔들려야 한다. 그리고 흔들릴 때마다 고쳐나가야 한다[극기克己]. 거듭거듭 새로 나야 한다[일신우일신日新又日新]. 그럴 때 신선은 못 되어도 큰 병을 미리 막으면서 지금보다는 좀 더 편안하게 살 수 있을 것이다.

보론1

공자의 식탁

1

『논어』가 고전이고 누구나 꼭 한번은 읽어봐야 할 책이라고 하지만, 막상 읽어보면 별 재미도 없고 그저 열심히 살다간(나는 감당하기 힘든) 한 노인과 그 제자들의 어록에 불과한 것이 아닌가 여기는 사람들이 많다. 더 나아가 나름대로 『논어』의 가치를 알고 거기에서 많은 것을 깨우치는 사람 중에서도 「향당편鄕黨篇」만큼은 별 재미가 없다고 여기는 사람도 있다. 그러나 나는 바로 이 「향당편」이야말로 『논어』와 공자를 이해하는 데 다른 어느 편 못지않게 중요한 편이라고 생각한다. 어떻게 보면 사소해 보이는 일상생활을 통해 공자의 사상을 구체적으로 알 수 있게 해주는 편이라고도 할 수 있다.

우리가 누군가를 이해하려면 무엇보다도 그 사람의 언행을 살펴보아야 한다. 우리가 일상적으로 하는 말[언言]은 모두 사회적 발언이며 행동[행行] 역시 사회적 행동이다. 그 사람이 갖고 있는 생각은 우리가 알 수 없고 오로지 그 사람이 하는 사회적 발언과 사회적 행동을 통해서 알게 된다. 그러나 그런 언행은 꾸민 것일 가능성이 많다. 공자가 교묘하게 꾸민 말과 표정[교언영색巧言令色]을 싫어한 이유도 이 때문일 것이다. 그래서 남이 보지 않는 곳, 혼자 있을 때의 언행이 중요하다. 사회적인 말과 행동이 아닌 사적인 말과 행동이 중요한 것이다.

공자는 아무런 대꾸도 없어 어리석어 보이는 제자 안회가 진짜 어떤 사람인지 알아보기 위해 그의 사생활을 살펴보았다. 그런데 안회는 공자가 한 말을 그대로 실천하고 있었고 그래서 공자는 안회가 어리석지 않다고 판단했다. 근대적 개인주의가 지배하고 있는 오늘날의 관점에서 보면 개인 사생활 침해일 수도 있겠지만 근대 이전의 개인적인 사생활이란 밀폐된 것이 아니라 열려 있는 것이었다. 부부간의 성생활조차 창호지 하나를 사이에 두고, 심하면 자식들이 자고 있는 같은 방에서 이루어졌다. 지금 남아 있는 조선시대의 궁궐을 보아도 문 하나 닫으면 그 안에서 무얼 하는지 아무도 모르게 되는 그런 구조는 없다. 담 역시 눈높이를 훌쩍 뛰어넘는 아득한 벽이 아니다. 백성들의 집 구조는 더욱 그러했다. 과거에는 신혼부부가 첫날밤을 치르고 난 방의 창호지에, 밤새 사람들이 침을 발라 뚫어놓은 구멍이 숭숭 나 있었다.

『논어』는 다른 고전과 달리 공자의 사생활에 대한 기록이 많다. 반면에 성경이나 불경에는 예수나 석가의 사생활이 기록되어 있지 않다. 사생활은 그 사람의 모든 것을 보여준다. 사생활은 그 사람을 온전히 이해하는 데 도움이 된다. 그래서 『논어』의 「향당편」은 중요하다. 공자의 사생활 중에서도 그의 식탁은 매우 중요하다. 이는 공자를 이해하기 위한 것이기도 하지만 우리의 건강을 위한 것이기도 하기 때문이다.

공자의 식탁을 이해하기 위해서는 먼저 그의 삶 전반에 대한 태도를 알아야 한다. 공자는 가난해도 이를 편하게 여기며 도를 즐기던[안빈낙도安貧樂道] 사람이었다. 그 때문에 먹는 데에도 배부름을 구하지 않았다. 공자에게 편안함은 사람 관계가 올바로 이루어지고 있는지 아닌지를 판단하는 주관적 기준이다. 나의 언행이 다른 사람에게 미쳐 다시 그 사람의 언행으로 나에게 돌아오는 과정에서 나의 몸과 마음이 편해야 한다. 그러지 않으면 언행이 거짓되게 된다. 교언영색이 나오는 것이다. 그렇게 편하기 위해서는 단지 알 뿐만 아니라[지知] 좋아해야 하고[호好] 즐겨야 한다[락樂]. 즐기기 위해서는 그런 언행이 몸에 배어 있어야 한다. 마치 처음에 자전거를 배울 때는 이러저러한 원리를 배우지만 타기를 좋아해서 자주 타다 보면 나중에는 아무런 의식 없이 그냥 타게 되는 그런 경지에 올라야 한다. 그럴 때 사회적 언행과 사적 언행은 일치한다.

공자의 식탁을 이해하기 위한 또 하나의 측면은 공자가 안빈낙도에 그치는 것이 아니라 당대의 최고 문화를 즐겼다는 점이다. 공자는 특히 음악을 좋아했다. 음악은 시詩에서 일어난 욕망 또는 의지가 예에 의해 질서 지워져 마침내 무의식적으로 즐길 수 있는 단계에서 나오는 것[흥어시興於詩, 입어예立於禮, 성어악成於樂]이다. 공자는 이 모든 것을 문화로 여겼다.

음식 역시 그러하다. 배고픈 욕망이 일어났다고 해서 아무렇게나 입에 집어넣는 것이 아니라 음식 역시 예에 의해 질서 지워져야 한다. 이는 재료를 고르는 일에서부터 요리하고 먹는 방법에 이르기까지 모두 일정한 질서가 있어야 한다. 그리하여 배고파서 먹게 되더라도 예에 어긋나지 않으며 이를 반복하여 일정한 수준에 이르면 더 이상 그런 과정을 의식하지 않아도 자연스럽게 즐기게 된다. 음식을 먹는 일에서도 사회적 행동과 사적인 행동이 일치하게 되는 것이다.

2

공자가 인仁의 실현 방법으로 중요하게 생각했던 예禮는 음식에서부터 시작한다(『예기』 「예운」). 하늘[천天]과 조상[제帝]을 섬기던 상나라를 무너뜨리고 하늘의 명[천명天命]을 받아 세워졌다고 하는 주나라가 자신의 정당성을 확보하기 위해서는 역설적으로 자신에게 권력을 준 하늘과 조상에 대한 제사, 상나라가 섬겼던 제사를 가장 중요하게 여길 수밖에 없었다(여기에는 천명은 바뀔 수 있다는 전제가 있다). 그 제사에는 반드시 희생犧牲이 필요했고 그 희생을 바치는 데는 반드시 일정한 방법과 절차가 있어야 했다. 희생은 음식이며 그 음식을 만드는 방법과 절차가 곧 예다. 그러므로 음식은 단순히 배를 채우고 먹는 즐거움을 주는 데서 그치지 않고, 그 음식을 준비하고 만들며 나누어 먹는 질서, 곧 인간관계를 만드는 가장 근본적인 방법이면서 동시에 권력의 정당성을 보장하는 방법이기도 했다. 나아가 이는 우주론을 구성하는 기초이기도 했다.

공자가 바르게 자른 것이 아니면 먹지 않는다고 한 말은 이런 맥락 속에서 이해해야 한다. 바르다는 것[정正]은 첫째 자르는 방법을 말한다. 음식을 자르는 일을 맡은 도공刀工의 숙련된 기술을 뜻한다

(『중국음식 문화사』). 고기를 자를 때는 일정하게 정해진 방법으로 잘라야 각 부위가 제대로 나뉜다. 살과 뼈를 바를 뿐만 아니라 우둔살은 우둔살대로, 살치살은 살치살대로 발라야 한다. 그래야 각 부위별로 쓸 곳이 정해지고 자리가 잡힌다. 이는 인재를 가려내어 그 능력에 따라 적재적소에 배치하는 문제, 곧 '어떤' 일을 시킬 것인지 하는 문제와 닮았다.

둘째로 바르게 자른다는 것은 자른 모양을 말하기도 한다. 바르다고 하였지만 반드시 네모나게 썬 것만을 가리키는 것은 아니다. 음식은 필요에 따라 다양한 모양으로 썰게 된다. 예를 들어 깍둑썰기를 하지 않고 어슷썰기를 하면 잘린 단면이 넓어서 빠른 시간에 잘 우러나게 된다. 필요에 따라 잘게 썰 수도 있고 두껍게 썰 수도 있다. 이는 일정한 지위에 배치된 인재에게 일을 '어떻게' 시킬 것인가 하는 문제와 닮았다. 이렇게 해야 저마다 제 자리를 차지해서 일을 잘 할 수 있고 조화가 이루어질 수 있다[중화위육中和位育]. 음식으로 치면 맛있는 음식이 만들어지는 것이다.

셋째로 바르다는 것[정正]은 사방四方이 정해진다는 뜻이기도 하다. 자른다는 것[할割]은 원래 돼지나 소, 양을 잡을 때 사지四肢를 가르는 것이다(楊伯峻, 『論語譯注』). 내가 있는 곳을 중심으로 동서남북을 갈라 천하의 질서가 잡힌다. 이런 사고는 화이華夷 사상으로 발전한다.

공자가 "밥은 정미된 밥을 싫어하지 않고 고기는 가늘게 썬 것을 싫어하지 않았다"는 말은 때로 오해를 사기도 한다. 대부분의 사람들이 정미가 잘 안 된 거친 밥을 먹고 고기를 먹더라도 대충 썬 것을 먹었는데 비해 공자는 지나치게 까탈스럽다는 것이다. 그런데 여기에서 주의해서 보아야 할 것은 그런 음식을 '좋아했다'가 아니라 '싫어하지 않았다'는 표현이다. 다시 말해서 안빈낙도의 태도로 거친 음식도 마다하지 않았지만 그렇게 질서 잡힌 음식이 주어지는 경우에는 굳이 마다하지 않고 즐겼다는 말이다. 당시 주식은 좁쌀이나 수수였고 지배층이라고 해도 쌀밥이나 고기를 일상적으로 먹기는 쉽지 않았을 것이고 대부분은 제사를 지내야 먹을 수 있었을 것이다.

공자는 일정하게 정미된 밥과 고기를 먹을 수 있는 지위에 있었다. 그리고 그런 기회가 주어지면 마다하지 않고 먹었다. 노자는 눈과 귀와 입을 즐겁게 하는 것을 피한 데 비해 공자는 피하지 않았던 것이다. 노자가 맛있는 음식을 경계한 것은 그런 음식이 입맛을 버려 결국에는 몸을 망가뜨리기 때문이다(오미령인구상五味令人口爽). 이런 음식에 대한 태도의 차이는 거의 모든 분야에서의 차이를 가져온다. 유위有爲와 무위無爲의 차이, 유사有事와 무사無事의 차이, 배움과 비움의 차이 등 거의 모든 점에서 서로 대비된다.

그러나 서로가 서로를 완전히 배제하는 관계는 아니다. 노자의 말대로 길고 짧은 것처럼 서로 대립되는 것은 서로를 이루는 것이기 때문이다. 타인이 없으면 나 자신도 없다. 공자는 사람 사이의 관계를 더 중요시했고 노자는 자연과의 관계를 중요시 했을 뿐(물론 노자의 '자연'은 관념적인 자연일 뿐이다), 결국 그런 방법을 통해 도에 이르려했던 것은 마찬가지다. 음식도 그러할 것이다. 욕심 없는 소박한 밥상을 통해 건강에 이르는 것과, 잘 요리되고 질서 지워진 음식을 통해 건강에 이르는 것, 둘 다 한 마디로 도에 이를 가능성이 있다.

그런데 여기에 문제가 있다. 제사에 쓰는 희생의 고기는 가늘게 썰어서 맛을 더 낸다. 가늘게 썰었기 때문에 육질에서 우러나는 육즙을 더 많이, 더 빨리 느낄 수 있다. 씹기도 부드럽고 넘기기도 쉽다. 그래서 사람들 입에 즐겨 오르내린다. 인구人口에 회자膾炙되는 것이다. 인구에 회자될 만큼 맛있는 것은 대개 맛이 진하고 곱게 갈거나 썬 것이다. 이를 한의학에서는 '고량후미膏粱厚味'라고 한다. 이는 몸 안에 노폐물이라고 할 수 있는 담痰을 만들고 이 담은 모든 병의 근원이 된다. 고량후미를 너무 많이 먹으면 병이 되는 것이다. 그러므로 요리를 통해 맛난 것을 피하지 않으면서도 참으로 건강해지려면 요리 자체는 물론이고 음식을 먹는 질서가 없어서는 안 된다. 공자의 안빈낙도하는 자세와 음식에서의 예가 필요한 것이다.

동아시아의 음식문화는 공자와 노자로부터 두 가지 흐름으로 나아가 서로 합치기도 하고 밀치기도 하면서 발전해갔다. 이 두 전통은 뒤에 한의학에서 집대성된다(황제와 노자를 종합한 황로학). 한의학은 음식 자체는 물론 음식과 음식 사이의 관계, 음식과 몸 사이의 관계, 음식과 자연과의 관계 등을 구체적으로 발전시킨 것이다.

3

「향당편」만이 아니라 『논어』 전체에는 공자가 무엇을 하지 않았다는 말이 많이 나온다. 누가 무엇을 하는지는 비교적 알기 쉽다. 그러나 하지 않는 것을 알아차리기는 쉽지 않다. 예를 들어 같은 밥상에서 밥을 먹는데, 누군가가 맛있는 것을 골라 먹으면 누구라도 금방 알아챈다. 그러나 같은 반찬을 먹는 데 어떤 사람이 그중에서도 맛없는 것만 골라 먹는다는 것은 알아차리기 어렵다.

무엇을 하지 않는다는 것을 알아채기 위해서는 공자와 매우 긴밀한 관계를 갖고 있어야 하며 무엇보다도 많은 관심을 갖고 있어야 한다. 공자의 사회적 언행만이 아니라 사생활 역시 관찰해야 한다. 공자 역시 제자들의 사생활을 들여다보았겠지만 제자들 역시 공자의 사생활을 들여다보았다는 말이다.

또한 하지 않는 것이 드러나기 위해서는 보통 사람들은 대개 그렇게 한다는 사실도 전제되어야 한다. 정도의 차이는 있겠지만, 공자가 하지 않았다는 것은 다른 사람들은 대개 그렇게 했다는 말이기도 하다.

공자는 쉰 밥, 상한 고기, 빛깔이 나쁜 것, 요리가 잘못된 것, 때가 아닌 것은 먹지 않는다고 하였다. 이 구절로만 놓고 보면 당시의 일반적인 음식은 한 마디로 제대로 된 것이 별로 없는 듯하다. 쉬거나 상한 것까지 먹는 사람이 많았다고도 볼 수 있다. 대체로 당시의 위생 상태는 그리 좋지 않았을 것이다.

이와 연관하여 반대로 공자가 늘 먹었다는 것이 생강이었음을 지적한 것도 주목할 만하다. 왜냐하면 생강은 신명을 통하게 해주기도 하지만 더 중요한 것은 생강이 음식에 있을 수도 있는 독을 없애준다는 점이다. 생선회를 먹을 때 생강을 같이 곁들이는 것도 단순히 입 안에 남아 있는 맛을 씻어내기 위한 것이 아니라 생강이 생선의 독을 없애주기 때문이다(마찬가지 이유로 한약을 다릴 때 많은 경우 생강을 넣는다).

빛깔이 나쁜 것은 상해서 그럴 수도 있고 과일이나 곡식 등이 제대로 익지 않거나 지나치게 익어서 그럴 수도 있다. 보관을 잘못해서 그럴 수도 있다. 요리 중 불 조절할 때를 잘못 맞추거나 음식을 넣을 때를 잘못 맞추어서 그럴 수도 있다. 모두 때를 잘 못 맞춘 것이다. 일반적으로 때가 아니면 먹지 않았다고 하는 말은 제철 음식이 아니면 먹지 않았다는 말로 볼 수도 있고 음식을 먹는 때가 아니면 먹지 않았다는 말로 볼 수도 있다. 식사 시간이 아니면 먹지 않았다는 말이다. 더불어 제사를 지내기 전이나 상을 당한 사람과 같이 있을 때에는 배불리 먹지 않았던 것처럼 상황도 포함된다. 때를 맞추는 것은 요리의 기본이자 예의 기본이다.

오늘날의 식습관을 고려할 때 가장 중요한 것의 하나가, 공자는 비록 고기가 많아도 밥의 기운을 이기지 않게 했다는 말일 것이다. 동아시아 식습관의 특징은 밥과 반찬이 분명하게 나뉘어져 있다는 것이다. 고기는 반찬이지 밥이 아니다. 한의학에서 밥, 주식으로 삼는 다른 곡식도 그러하지만 특히 쌀은 모든 것을 싣고 받아들여 길러주는 땅의 기를 온전히 받아서 가장 고른 기를 갖고 있다고 본다. 이에 비해 고기는 양기가 치우친 것이고 채소는 음기가 치우친 것이다. 식사는 모든 것을 포용하는 땅과 같은 밥을 바탕으로 하고 여기에 음양의 기를 골고루 얹어 먹는 것이다. 그러므로 고기는 밥보다 많이 먹어서는 안 된다.

공자의 정치관을 보여주는 또 하나의 예는 음식에 알맞은 장醬이 없으면 먹지 않았다는 것이다. 마치 북극성을 중심으로 뭇별들이 늘어서 있는 것같이 밥을 중심으로 반찬이 늘어서는데, 장은 그 반찬들의 중심이다(음식에 따른 장의 종류와 음식을 차리는 방법은 『주례』나 『예기』 등에 자세하게 나온다). 이로써 식탁의 질서가 잡힌다. 오늘날에도 간장, 된장, 초장, 쌈장, 겨자장 등 음식에 따라 장을 바꾸지만 장은 중심이 아니라 주변이다. 음식의 맛을 더해주는 보조 역할이다.

음식에 따라 장을 달리하는 것은 단순히 입맛 때문만은 아니다. 흔히 말하는 음식 궁합에 따른 것이다. 음양을 나누고 각 음식의 특성에 따라 가장 좋은 배합을 고를 뿐만 아니라 그것이 몸에 들어와 어떤 영향을 미칠지를 따진 것이다. 이는 장만이 아니라 고기의 종류에 따라서도 곡식을 바꾸는 데에서도 알 수 있다. 예를 들면 쇠고기는 벼, 양고기는 메기장, 돼지고기는 찰기장, 개고기는 조, 기러기고기는 보리, 물고기는 줄과 같이 먹었다(『중국음식 문화사』). 고대로부터 식의食醫라는 관청을 따로 설치하여 식탁을 의사들의 관리를 받게 한 이유가 여기에 있다.

이러한 관점에서 보면 오늘날의 식탁은 참으로 예의가 없다. 무례한 것이다. 우리가 굳이 음식에서의 예를 따지는 이유는, 예가 단순히 사회적 위계를 질서지우고 백성들로 하여금 자발적 복종을 이끌어내기 위한 것만이 아니라(예를 들면 니체의 관점) 그 질서가 자연의 질서에도 기초하고 있기 때문에, 자연의 하나인 내 몸에도 직접적인 영향을 미치기 때문이다. 이는 마르크스가 말하는 '합리적 핵심'이다. 예나 도덕을 올바로 부정하기 위해서는 그 합리적 핵심을 살려야 한다. 그렇지 않으면 그것은 단순한 파괴에 불과하다.

여기에서 또 하나 주의해야 할 점이 있다. 당시의 예는 어디까지나 지배층의 예였다는 사실이다. 예는 아랫것들, 곧 서인庶人까지는 미치지 않았다는 사실이다. 올바로 온고이지신溫故而知新하기 위해서는 긍정적 측면을 보존하면서 동시에 부정적 측면의 발전적 해체가 필요하다는 점에 유의해야 한다. 음식도 그러할 것이다.

4

공자는 안빈낙도하였다고 하지만 그는 빈곤을 편안하게 여겼을 뿐이지 좋은 것을 마다하지는 않는 사람이었을 것이다. 청빈이라는 말은 공자가 아니라 제자 안회에게 돌아가야 할 것이다.

공자 당시에는 유가儒家라는 말이 없었고 보통 유자儒者라고 불렸다. 이들은 대개 제사를 맡아 지내서 먹고사는 사람들이었다. 제사에는 반드시 고기와 술이 있어야 했으므로 유자들은 술과 고기를 자주 먹을 수 있는 사람들이었다. 그래서 뒷날 유가가 술에 취해 흥청망청 지내는 것을 비난하는 말이 자주 나왔다.

유자들에게는 조상에 대한 제사 이외에도 활쏘기나 향음례鄕飮禮, 결혼, 장례, 손님 접대 등 술을 마실 기회가 적지 않았다. 공자는 술을 정해진 양 없이 많이 마셨던 모양이다. 다만 어지러운 지경에까지 이르지는 않았다고 한다(거꾸로 말하면 다른 사람들은 대개 마시고 취해서 주정을 부리기도 했다는 말이 된다). 그런데 당시의 술은 오늘날의 증류주가 아니고 막걸리 같은 황주黃酒였다. 청주처럼 술지게미를 걸러낸 술도 있었지만 대개는 술지게미까지 같이 먹는 술이었다. 증류주는 남송南宋 전에 만들어졌다(왕닝 외, 『설문해자와 중국고대문화』). 이렇게 보면 공자가 무한대로 술을 마셨다는 의미는 오늘날과는 상황이 많이 다르다는 것을 알 수 있다.

술을 마시면 취하기 마련이지만 사람마다 취하는 술의 양이 다르다. 오늘날에도 흔히 소주를 기준으로 몇 병 마시는지에 따라 주량酒量을 정한다. 마찬가지로 공자 시대에도 사람마다 정해진 자기의 주량이 있었다[정량定量]. 그런데 공자는 그런 정해진 양이 없었다는 것이다. 이는 단순히 공자가 술을 잘 먹었다거나 체력이 좋았다는 의미로 보기보다는, 마치 시로 불러일으킨 감흥을 예로 질서 지워 마침내 모든 정치의 꽃인 음악을 즐기는(興於詩, 立於禮, 成於樂) 경지를 사생활에서도 실천한 것으로 볼 수 있다. 어떻게 보면 정해진 경계를 넘나드는 신선의 경지를 연상시킨다.

이 밖에도 공자는 먹을 때 말을 하지 않았다고 한다. 음식을 먹으면서 말을 하면 기도가 열려 음식이 기도로 들어갈 수도 있다. 그러면 사레가 들려 기침이나 재채기를 하게 된다. 무엇보다도 말을 하다 보면 반드시 좋은 말만 나오라는 법이 없어서 기분을 상할 수도 있다. 긴장하고 음식을 먹고 난 뒤 체하는 경우가 많은 것을 보면 음식을 먹을 때 말을 하는 것은 나는 물론 상대에게도 좋지 않다. 그럼에도 불구하고 요즈음에는 무슨 말을 하려면 "식사 한번 하자"는 말로 대신할 정도로 먹는 자리가 말하는 자리로 자리 잡았다.

또한 음식은 아니지만 공자는 잘 알지 못하는 약은 먹지 않았다고 한다. 약과 음식은 근원이 같다. 약은 음식에 비해 기가 더 센 것에 불과하다. 그런데 『예기禮記』「곡례曲禮」에서는 "그 의사가 삼대를 이어오지 않았으면 그 사람이 지어준 약을 먹지 않는다(醫不三世, 不服其藥)"는 말이 나온다. 그만큼 신중하게 하라는 말도 되지만 다른 한편에서는 그러기 위해서는 삼대까지의 생식을 살펴볼 수 있도록 적어도 100년 정도의 검증이 필요하다는 말도 된다. 그럼에도 불구하고 요즈음의 식탁에는 생소한 식재료가 일상적으로 등장한다.

아마도 공자의 식생활에서 가장 중요한 것은 간이 맞지 않으면 먹지 않았다는 말일 것이다. "간이 맞는다"는 말은 간단하게는 짠 정도를 말하기도 하지만 원래는 어떤 고기와 거기에 어울리는 장을 배합하는 것을 말한다. 이 말은 '화이부동和而不同'의 의미를 이해하는 데에도 중요하다.

특정한 음식에 특정한 장을 배합하는 것은 단순히 혀에서 느끼는 입맛 때문은 아니다. 그것은 그렇게 해야 그 음식들끼리 서로 조화가 되기 때문이다. 그렇게 적합한 음식끼리 만나면 전혀 새로운 맛을 내면서도 각각의 맛은 살아 있게 된다. 이것이 바로 화이부동의 정확한 의미일 것이다. 어느 하나가 다른 하나를 완전히 지배하여 그 맛을 없애버리지 않으면서도 서로 어울려 완전히 새로운 맛을 만든다.

서로 어울리되[和] 상대의 맛과 똑같아지지 않으며[不同] 반대로 상대도 나와 똑같이 만들지 않는다[不同]. 그렇지만 어울려서 나오는 결과는 완전히 새로운 맛이다. 그러기 위해서는 여기에 일정한 원리 또는 질서가 필요하다[예禮]. 그 질서는 각각의 본성에 따른 것이어야 한다. 그렇지 않으면 식재료는 서로 어울리지도 못하고 새로운 맛을 내지도 못한다. 식재료를 망칠 뿐만 아니라 무엇보다 몸에 해롭다. 그런데 이런 질서를 애초에 만들지 못하게 만드는 것이 있다. 그것은 식재료를 감싸서 자기의 맛으로 포장해버리는[同] 것이다. 대표적인 것이 설탕과 MSG 그리고 기름이다. 만능소스 같은 소스sauce 종류 역시 그러하다.

공자는 반드시 먼저 '고수레'를 하고 먹었다고 했다. 이는 하늘과 조상에 대한 존경의 표현이기도 하지만 다른 한편으로는 지금 같이 살고 있는 사람에 대한 존경이기도 하다. 더 나아간다면 자연에 대한 존경 역시 포함되어 있다고 할 것이다. 지금과 같은 음식 문화를 전해준 조상에 대한 감사, 그 음식을 만들어 내가 먹게끔 차려준 이들에 대한 감사, 이 모든 것을 가능하게 해준 자연에 대한 감사다. 서로 어울려 똑같아지지 않으면서도 새로운 질서를 만들어가는 것들에 대한 감사다. 그런데 그 질서를 설탕과 MSG, 기름, 만능소스 같은 것들이, 오로지 세 치 혀를 위해 막고 있다. 그 질서를 파괴하고 있는 것이다. 공자의 사생활을 엿봐야 하는 이유가 여기에 있다.

보론2

절대미각에 대하여

일본 만화『맛의 달인』에는 첫 부분에서 물맛을 가리는 이야기가 나온다. 나 역시 물맛을 나름대로 느끼고 있었지만, 그 책을 보고 나니 나도 물맛을 '제대로' 맛봐야겠다는 생각이 들었다. 물맛을 '나누어' 알고 싶었던 것이다. 이것은 무슨 물이라는 것을 아는 것이 아니라 내가 맛보고 헤아려서 맛을 이해하려고 했던 것이다(일본어에서 '안다'는 말은 '시루知る'와 '와카루分かる'로 나뉜다. 대체로 '시루'가 단순히 주어진 정보의 습득을 통한 것이라면 '와카루'는 스스로 대상을 나누어 이해한다, 헤아려서 안다는 것으로 보면 될 것이다). 그리고 나니 시중에서 팔고 있는 생수 대여섯 가지 정도는 나눌 수 있게 되었다.

음악에는 '절대음감'이라는 말이 있다. '기준이 되는 다른 소리의 도움 없이 어떤 소리의 높이(피치Pitch)를 음이름으로 정확히 파악할 수 있는 능력'(김완두, 「절대음감의 허와 실」, 토마토뉴스)이라고 할 수 있다. 이런 절대음감을 갖고 있는 사람은 보통 사람은 소음으로 들리는 것조차 그 음높이를 구분해서 들을 수 있다. 그러나 엄밀하게 말하면 음높이는 그 사람이 살고 있는 사회에서 정해지는 것이어서 절대음감이라고 하지만 사실은 상대적인 것이다. 예를 들어 근대 서양음악의 경우, 기준이 되는 라[A]음은 1953년에 와서야 440헤르츠 (A440)로 정해진 것인데, 이를 기준으로 하면 모차르트 시대의 음악은 지금보다 반음 낮다고 한다. 그런데 많은 사람들이 440헤르츠보다는 432헤르츠를 기준으로 한 음악을 듣고 더 완전하거나 정확하고 평화로운, 햇살 같은 느낌을 받는다고 한다. 반면 440헤르츠 음악에 대해서는 불편하고 억압적이며 편협한 느낌을 받는다고 한다 (김완두). 더군다나 실제 음악을 연주하는 사람들은 저마다 미세하게 다른 기준을 갖고 연주한다. 그럼에도 우리는 많은 경우, 음악을 들으면서 크게 불편하지 않으며 오히려 아름답다고 느낀다.

이런 사정은 국악에서 두드러지게 나타난다. 어떻게 보면 국악에서는 그런 기준 자체가 없다고 해도 좋을 것이다. 국립국악원에서 2007년 국악의 기준음이라고 할 수 있는 황종음의 주파수를 향악의 경우 서양음악의 음계인 E♭의 311헤르츠에 맞추었지만 실제 악기를 만들고 연주하는 사람들이 이를 지키는 경우는 거의 없다(개량 악기 제외. 다재헌 SEG, soryro.tistory.com/98 참조). 더군다나 많은 국악기는 대나무와 같은 자연 그대로를 사용하므로 더욱 기준을 잡기 어렵다. 그럼에도 많은 사람들은 국악을 편안하게 즐긴다. 이를 서양의 기준으로 보면 온통 소음으로 가득한 혼돈일 뿐이다.

절대음감이라고 하지만 그것은 시대마다, 사회마다 그리고 개인마다 다를 수 있다. 그런 의미에서 절대음감은 없고 상대적인 절대음감만 있다고 해야 할 것이다.

절대미각도 마찬가지다. 유별나게 맛을 잘 보아, 한번 먹어보면 무슨 재료를 어떻게 썼는지까지 알아맞히는 사람도 있다. 심지어 거의 똑같은 음식을 만들기도 한다. 와인의 경우, 생산연도와 생산지까지 맞추는 사람도 있다고 한다. 그러나 이런 사람들도 많은 경우는 오랜 훈련을 통해 그런 능력을 기른 것이라고 한다.

그런데 맛은 온몸의 감각을 이용하여 느끼는 것이고 이런 감각은 그 사람이 사는 시대와 사회에 따라 다 다르게 구성된다. 같은 시대와 사회라고 해도 개인적인 편차가 크다. 그래서 어떤 사람은 삼겹살 냄새를 못 견디기도 하도 어떤 사람은 고수[향채香菜]를 끔찍하게 여기기도 한다. 잘 삭힌 홍어나 취두부臭豆腐, 수르스트뢰밍(삭힌 청어)에 이르면 더 말할 나위도 없다. 절대미각이라는 것도 상대적이다.

그런데 절대음각이나 절대미각이 반드시 좋은 것만은 아니다. 남들은 좋다고 듣고 있는 음악을 들으면서 괴로워할 수 있고, 남들은 맛있다고 먹고 있는 음식을 먹으면서 괴로워질 수 있다. 대학 시절 내가 알던 한 후배는 거의 절대미각을 갖고 있었는데, 집 밖에서는 제대로 음식을 먹지 못해서 많이 고생했다. 뒤에 그 후배는 사회생활을 하면서 미각을 많이 '훈련'하여 어느 정도 적응할 수 있게 되었다. 어떻게 보면 참을성이 생긴 것이다.

무엇이든 절대적인 것, 보편적인 것은 위험하다. 절대絕對는 짝이 없다는 말이다. 그 절대적인 것을 제외하고는 아무것도 없다는 말이다. 보편적이라는 말은 보편적이지 않은 특수한 것은 모두 비정상이라는 말이다. 그러므로 절대나 보편이라는 말은 그것이 아닌 다른 모든 것을 배제하거나 없애려 한다. 아니면 자신과 동일하게 만들려고 한다. 이를 음악이나 음식에 대입하면 어떨까. 음악은 인류의 보편적인 공통 언어라고 하는 사람이 있다. 그러나 그 사람이 말하는 음악은 사실 특정한 시대와 사회 속에서 나온 특수한 것이다. 또한 그 음악을 듣고 즐기는 각 개인 역시 저마다 특수한 차이를 갖고 있다. 과연 동물과 구분되는 인간의 특징이 언어라고 하여 인류가 모두 하나의 보편적인 언어로 통하는가? 우리나라만 해도 제주도와 전라도와 경상도의 말을 다 알아듣기 힘든데, 하물며 나라가 다른 경우는 어떠한가. 음식도 마찬가지다. 음식 역시 보편적이고 절대적인 기준이 있을 수 없다.

그러나 절대미각이 상대적이라고 해서 절대적인 기준이 없는 것은 아니다. 절대적인 기준이라는 것은 그 맛이 내 몸에 맞는가 아닌가, 자연을 파괴하는가 아닌가, 공동체적인 사회관계를 해체하는가 아닌가 하는 것이다.

누구나 절대미각을 추구할 필요는 없을 것이다. 그러나 이것 하나만은 추구할 필요가 있다고 본다. 그것은 음식에서 나는 농약 냄새를 맡거나, 혹은 음식 그 자체의 맛을 느낄 줄 아는 절대미각이다. 가장 쉬운 방법은 음식점에서 나오는 반찬 중 마늘쫑을 먹어보는 것이다. 다 그런 것은 아니지만 많은 식당에서는 농약 같은 약품에 재워서 수입한 마늘쫑을 볶아서 내놓는다. 이런 마늘쫑은 아무리 볶거나 다른 요리를 해도 냄새만 맡아도 알 수 있다. 또 하나 쉽게 맡을 수 있는 것은 여름철의 고추와 파다. 그래서 어떤 사람은 유기농이 아니면 여름철에는 아예 고추와 파를 먹지 않기도 한다. 수삼水蔘 역시 마찬가지다. 시골에서는 유기농이 아닌 인삼밭 근처의 나물은 쳐다보지도 않는다. 농약 냄새 하나 제대로 맡지 못하면서 맛을 논할 수는 없다. 절대와 보편을 논하기 전에 농약 냄새부터 제대로 맡아보자.

아주 오래전, 내가 만든 아재 개그가 있다.

'서울에서 사는 거지'를 세 글자로 줄이면?

답은 설거지다.

이 개그는 내가 설거지를 하면서 떠올린 것으로, 만들고 나서 주위의 여러 사람에게 들려주었지만 그중 웃은 사람은 한 사람밖에 없었다. 그 뒤로는 아무에게도 들려주지 않았다. 그렇지만 내가 설거지를 할 때면 이 개그가 가끔 떠올라 나 혼자 웃곤 한다.

설거지를 좋아하는 사람보다 싫어하는 사람이 더 많을 것이다. 그렇지만 설거지에는 나름의 미덕이 있다. 처음에는 불만이 있거나 생각이 복잡할 수 있지만 설거지를 하다 보면 잡생각이 사라진다. 그저 씻는 작업이 반복될 뿐이다.

설거지를 하려면 먼저 내 손이 깨끗해야 한다. 손에 석유 기름 같은 것이 묻어 있으면 설거지를 할 수 없다. 그래서 공자는 그림을 그리려면 먼저 바탕을 희게 해야 한다(회사후소繪事後素)고 말했다. 나부터 깨끗해야 남을 깨끗하게 할 수 있다.

설거지를 하는 데에도 일정한 순서가 있다. 그릇을 씻어서 말리기 위해 늘어놓아야 하므로 처음에는 큰 그릇부터 씻는 것이 좋다. 그러면 나중에 작은 것부터 차례로 늘어놓을 수 있고 또 이렇게 해야 제한된 공간에 많은 그릇을 늘어놓을 수 있다.

설거지를 해보면 음식의 특성에 대해 알게 된다. 예를 들어 돼지기름과 소기름을 닦아보면, 돼지기름은 쉽게 씻기지만 소기름은 잘 씻기지 않는다. 식당을 하는 분의 이야기로는 하수구가 막히는 것은 주로 소기름 때문이지 돼지기름으로는 막히지 않는다고 한다. 이 기름이 우리 몸으로 들어가면 어떻게 될지도 짐작해보게 된다.

립스틱이 묻은 그릇은 신경 써서 닦아야 한다. 생각보다 잘 지워지지 않는다. 사람들이 이런 것을 입술에 바르고 다니는구나, 그것이 몸속으로 들어갈 수 있겠다는 것도 알게 된다.

익지 않은 달걀노른자가 묻었을 때는 바로 씻는 것이 좋다. 노른자가 말라 굳으면 좀처럼 떨어지지 않는다. 밥알은 말랐다고 해도

설거지는 음식을 만들기 위한 출발점이다.
설거지를 하면 음식의 특성을 보다 잘 이해할 수 있다.

물에 불리면 잘 떨어지지만 노른자는 그렇지 않다.

다른 사람이 먹고 난 그릇과 수저를 설거지해보면 그 사람의 식사 습관을 알게 된다. 주로 국에 밥을 말아 먹는지, 비벼 먹는지, 비볐다면 무엇 무엇을 넣고 비볐는지, 수저를 입에 넣고 입을 꼭 다문 다음 숟가락을 빼서 숟가락에 음식이 거의 남지 않게 먹는지 아닌지 대충 입을 벌리고 먹어서 숟가락에 음식 찌꺼기가 남았는지 등등. 그 사람의 식성과 성질도 짐작할 수 있다. 내 경험으로 보아 성격이 급한 사람들은 대체로 국에 밥을 말아서 빨리 먹어버리는 경향이 있고 반대로 차분한 사람은 좀처럼 국에 밥을 말지 않는다. 사상의학으로 보면 앞의 사람 중에는 태음인이 많았고 뒤의 사람 중에는 소음인이 많았다.

다 먹고 난 밥그릇은 그 상태가 의외로 사람마다 많이 다르다. 밥알이 하나도 남아 있지 않고 밥알을 이긴 흔적도 없이 깨끗한 사람에서부터 각종 반찬 찌꺼기가 묻은 흔적까지 지저분한 정도가 정말 다양하다. 이는 그 사람의 성격과 관계가 있다. 대개 다양한 반찬의 조합을 좋아하고 잘 하는 사람은 먹고 난 밥그릇이 지저분할 수밖에 없다. 때로는 밥과 반찬을 따로 먹기도 하고 두세 가지를 함께 먹기도 하고 순서를 바꾸기도 한다. 반면에 밥과 반찬의 일대일 대응을 지키는 사람은 밥그릇에 남은 반찬 찌꺼기가 상대적으로 적다.

또한 먹고 난 밥그릇의 상태는 먹을 때 나중에 이것을 씻게 될 사람에 대한 배려를 하는지 아닌지도 알 수 있다. 특히 외식하면서 고기를 구워 먹게 되면 불 조절을 잘하지 못해 불판을 자주 갈아대면서 그것이 건강에 좋다고 믿는 사람들이 있다(탄 것을 먹지 않게 되어서). 일시적으로는 그러하지만 장기적으로 보면 늘어난 불판을 씻는 세제의 양과 소모되는 물의 양이 늘어남으로써 나는 물론 다른 사람의 건강까지도 해칠 수 있다.

대개는 설거지하기 전에 그릇을 물에 담가놓지만 생선이나 고기가 담겼던 그릇은 냄새나 기름이 다른 그릇에 묻지 않게 따로 담가놓는 것이 좋다. 까마귀 노는 곳에 백로는 가지 않는 법이다.

설거지를 하면 음식만이 아니라 그릇의 재질에 대해서도 알게 된다. 유리와 스텐리스, 자기, 플라스틱, 나무 등 재질 자체의 특성과 그 재질과 음식과의 관계를 알게 되는 것이다. 예를 들어 유리나 스텐리스는 좀처럼 음식이 스며들지 않는다. 반면 나무나 뚝배기 같은 것은 음식이 잘 스며든다. 그래서 세제에 오래 담가놓거나 음식을 오래 보관하면 좋지 않다. 음식을 담으려면 한 가지만 같은 그릇에 담는 것이 좋다.

설거지한 그릇은 작은 것부터 서로 겹치지 않게 건조대 위에 늘어놓는다. 같은 그릇은 같이 놓아야 공기도 잘 통하고 차지하는 공간도 적어지고 또한 보기에도 좋다.

요즈음에는 설거지물은 버리는 대로 하수구로 들어가지만 옛날에는 작은 도랑으로 들어갔다. 그래서 혹시라도 도랑물에 밥알이 섞여 있기라도 하면 늘 어르신들의 꾸중을 들었다. 설거지를 하면서 나오는 음식 찌꺼기는 대부분의 집에서 한두 마리씩 키우는 닭이나 돼지에게 주었다. 닭이나 돼지는 달걀과 육류만을 제공하는 것이 아니라 음식쓰레기를 처리하는 생태적 순환 속에 있었던 셈이다.

무엇보다 설거지는 음식을 만들기 위한 출발점이다. 그릇이 깨끗하지 않으면 요리를 시작할 수 없다. 아무리 요리를 좋아하고 잘하는 사람일지라도 설거지를 싫어한다면, 또 맛있는 음식을 먹기는 좋아하지만 설거지를 싫어한다면 그 사람은 남에 대한 배려가 부족한 사람일 것이다. 그렇지만 요리가 남을 위해 하는 것처럼 설거지역시 남을 위해 하는 것이다. 그러므로 설거지를 싫어한다는 것은 개인의 문제만은 아니다. 그것은 아마도 공동체가 사라져서 설거지가 개인 차원이나 돈을 주고받는 차원에서 이루어지기 때문일 것이다. 사회적 불평등이 생기면서 사랑이 아닌 강제에 의한 것으로 바뀌었기 때문일 것이다. 설거지를 하면서 맑고 고요해지는(백석, 「탕약」) 그릇처럼 내 마음도, 우리 사회도 그렇게 되기를 바라본다.

다양한 매체에서 소개되고 있는 음식에 관한 프로그램을 살펴보면 최근 들어 약간의 변화가 보인다. 그것은 음식 자체를 맛있게 만들거나 먹는 것에서, 음식과 관련된 '사람들의 이야기'가 조금씩 늘어나고 있다는 것이다. 이럴 때 그런 이야기에 가장 쉽게 접근할 수 있는 수단은 역시 어머니와 고향이다. 젖을 먹여주시던 어머니는 모든 음식의 출발점, 근원이다. 그리고 그 근원을 떠받치고 있는 것은 고향, 더 넓게 말하면 시간과 공간을 포함한 과거다.

더 나아가 음식을 생산하거나 만들어서 파는 사람들의 이야기도 나온다. 골목 식당을 활성화하거나 판매가 잘 안 되는 농수산 식재료의 홍보에 나서는 것 등이 그것이다. 이는 부정적으로 보면 '먹방'에 쏟아지는 비판을 비껴가기 위한 것이기도 하지만 긍정적으로 보면 음식이 갖고 있는 사회적 연관에 대한 관심이기도 하다. 확실히 이런 면에서의 변화는 매우 긍정적인 것이다.

물론 대부분의 프로그램에서 그러한 사회적 문제가 왜 발생했는지에 대한 근본적인 반성 없이 현상적인 문제의 해결에 주력하는 한계는 있다. 그럼에도 불구하고 음식의 사회적 연관, 음식과 사람,

사람과 사람 사이의 관계에 눈을 돌리고 있다는 것은 매우 바람직한 일이다.

음식은 음식 자체로 자신과의 관계를 갖고 있다. 음식끼리 만나면 어떤 때는 더 맛이 있고 어떤 때는 더 맛이 없어진다. 이렇게 음식이 서로 잘 맞는 것과 잘 맞지 않는 것이 있는 것처럼, 하나의 음식이 다른 하나의 음식과 만나면 새로운 변화가 생긴다. 이를 이용한 것이 소위 말하는 요리다.

또한 음식은 음식 자체만이 아니라 사회와도 관계를 맺고 있으며 자연과도 관계를 맺고 있다. 사회는 단순한 사람과 사람 사이의 관계만이 아니라 사람들이 이루고 있는 사회의 구조와 사상, 문화를 포함한 것이다. 또한 여기에서 말하는 자연은 사람의 혀만이 아니라 사람의 몸 전체가 포함된 것이다.

점차 확대되고 있는 비건(채식주의)에 대한 관심은 음식의 사회적, 자연적 연관에 대한 관심이다. 비건 운동은 하나의 음식이 몸을 포함한 자연과, 나아가 사회와 어떤 관계를 맺고 있는지에 대한 비판적이고도 생산적인 하나의 실천 방안이다. 다만 비건 운동은 비건과 몸과의 관계에 좀 더 세심한 관심을 가져야 할 것으로 보인다. 왜냐하면 인류는 동식물과 곤충, 나아가 균 종류, 썩은 음식(이중 일부는 발효로 발전했다)까지 다양한 음식을 먹으며 진화해왔기 때문에 채식만으로 인류의 생존과 번식이 지속될 수 있을지에 대해서는 좀 더 깊은 반성이 필요하다. 더군다나 채식을 모든 사람에게 무차별적으로 적용할 수 있는 것인지, 병이 들었을 때는 어떠해야 하는지 등에 대해 열린 자세를 가져야 할 것이다.

이 책은 주로 음식과 몸과의 관계를 중심으로 썼다. 우리 사회의 주류이기 때문이겠지만 지금까지 음식과 몸의 관계는 거의 근대 서양과학의 관점에서 이루어져 왔다. 모두 그런 것은 아니겠지만 근대 서양과학의 관점은 대부분 음식과 몸 이외의 관계에 대해서는 고려하지 않는다. 심하게는 특정한 음식(또는 성분)과 몸의 특정한 구조 또는 기능과의 관계에만 집중하기도 한다. 그러다 보니 어떤 음식(또는 성분)이 몸의 어느 한 부분에는 좋지만 다른 데에는 나쁜 영향을 미쳐서 결국 몸을 망치게 하는 경우도 있다. 흔히 부작용이라고 하지만, 이는 부작용이 아니다. 다른 모든 것과의 연관을 보지 못하는 과학의 일반적인 특징일 뿐이다.

이런 점에서 이 책은 주로 한의학의 관점에서 음식과 몸의 관계를 논의했다. 물론 그 바탕에는 음식과 사회, 자연과의 관계 역시 깔려 있다. 한의학을 오늘날 그대로 현실에 적용하기에는 많은 문제가 있지만, 적어도 한의학에는 자연과 사회와 몸의 관계가 유기적으로 구성되어 있기 때문에, 필자는 주로 한의학의 관점에 의거하여 논의를 전개했다.

지금까지 내가 한 이야기를 꿰뚫고 있는 생각을 정리하면 다음과 같이 될 것이다.

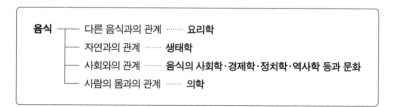

음식 ─── 다른 음식과의 관계 ······ 요리학
      ├── 자연과의 관계 ······ 생태학
      ├── 사회와의 관계 ······ 음식의 사회학·경제학·정치학·역사학 등과 문화
      └── 사람의 몸과의 관계 ······ 의학

이렇게 보면 음식은 다른 모든 것과 관련되어 있다. 그런데 다른 많은 것들과 달리 음식은 인간이 살고 자손을 번식시키기 위해서는 반드시 먹어야 한다는 특징이 있다. 단 하루도 빠질 수 없는 것이 바로 음식이다. 그리고 그런 음식을 마련해서 먹는 행위는 곧 인류가 어떻게 살아가는 모든 방식과 관련이 있으며 이는 매우 엄밀하고 정교한 구조로 짜여 있다. 그러므로 마치 생태계의 먹이사슬처럼, 음식의 어느 한 부분 또는 전체가 바뀌게 되면 세상의 모든 것이 바뀌게 된다. 마치 미국 옐로우스톤 국립공원에 늑대가 사라지자 엄청난 생태계의 파괴가 나타났다가, 늑대 14마리를 풀어놓자 생태계가 다시 회복되는 것처럼, 음식 역시 그러하다. 우리가 무엇을 어떻게 먹느냐는 내 몸을 결정할 뿐만 아니라 자연과 사회를 결정한다. 한마디로 밥상이 바뀌면 세상이 바뀌는 것이다.

　　코로나는 우리의 음식 문화를 급격하게 바꾸었다. 그 가장 큰 변화는 배달 음식으로 대변되는 음식의 개인화일 것이다. 코로나로 많은 사람이 배달된 음식으로 '혼술'과 '혼밥'을 한다. 대부분 공장이나 누군지 모르는 사람에 의해 만들어진 음식이 누군가 모르는 사람에 의해 배달되고 다른 사람 없이 혼자 먹는다. 음식이 갖고 있는 모든 관계가 배제된 채, 더 이상 예를 차릴 것도 없이, 눈치 볼 것도 없이 속편하게 혼자 먹는다. 이는 가족이라는 공동체의 해체에 이어 최소한의 개인적 관계마저 해체하는 결과를 가져올 것이다. 메타버스의 세계를 확대·발전시키는 토대가 될 것이다. 그럴수록 우리가 살고 있는 자연과 사회는 더욱더 나와 멀어지고, 반대로 자연과 사회에 대한 누군지 모르는 사람의 지배는 더욱 강화될 것이다. 그렇게 되면 그것이 줄기세포에서 만들어진 고기인지, 흙과 햇볕 없이 공장에서 만들어진 채소인지, 과학적으로 유전자 조작된 것인지 이런 문제에 대한 우리의 통제력은 거의 무력화될 것이다.

　제자들에게, "너희가 먹는 떡과 포도주는 내 몸과 피"라고 말한 예수는 곧 음식이 성령이라고 말하는 것이다. 예수가 준 음식을 먹음으로써 몸과 마음이 바뀌고 결국 세상이 바뀔 수 있다는 말이다. 김지하가 동학의 말을 인용하여 "밥이 하늘입니다. 밥이 입으로 들어갈 때에 하늘을 몸속에 모시는 것/밥이 하늘입니다. 아아, 밥은 모두 서로 나눠먹는 것"이라고 말할 때도 곧 음식을 통해 세상이 바뀔 수 있다는 말을 하고 있는 것이다. 음식을 통해 세상이 바뀔 수 있다는 말은, 단순한 비유가 아니다. 음식으로 세상을 바꿀 수 있는 것은, 음식이 세상을 이루고 있는 아주 중요한 사슬이기 때문이다. 그 세상은 사회만이 아니라 자연과 내 몸을 포함한 것이다. 한마디로 하자면 우주다.

　지구를 망쳐놓고 이제 와서는 우주를 개척해야 한다는 논리를 펴는 사람도 있다. 지구를 망친 논리로 우주를 개발한다면, 지구를 망친 음식 문화로 우주를 개척한다면 그 우주는 또 어떻게 될 것인가. 악순환의 무한 반복, 그것도 확대재생산이 아니겠는가.

　음식을 바꾸어야 한다. 음식을 바꾸면 분명히 세상이 바뀐다. 그러려면 먼저 지금 내가 먹고 있는 음식부터 돌아보아야 한다. 이 책이 그런 반성의 한 계기 또는 수단이 될 수 있다면 좋겠다.

『老子』

『論語』

『東醫寶鑑』

『呂氏春秋』

『三國志演義』

『三國志』

『尙書』

『釋名』

『說文解字』

『食醫心鏡』

『易傳』

『雲笈七籤』

『음식디미방』

『李朝實錄』

『莊子』

『齊民要術』

『中庸』

『千金方』

『解體新書』

『鄕藥集成方』

『黃帝內經』

Jacque Gernet 外, 『突厥曆法硏究』 中华书局

강영민, 『조선왕들의 생로병사』 BF북스

구관모, 『내 몸을 살리는 천연식초』 국일미디어

김선호, 『쌀 : 잘 먹고 잘 사는 법』 김영사

나카지마 신이치, 『사랑과 경제의 로고스』, 동아시아

라자노프, 『유목사회의 구조』, 지식산업사

러셀 L. 블레이록, 『죽음을 부르는 맛의 유혹』, 에코리브르

마빈 해리스, 『음식문화의 수수께끼』, 한길사

박종만, 한국 커피의 역사, 네이버 캐스트

謝松齡, 『음양오행이란 무엇인가』, 연암출판사

楊伯峻, 『論語譯注』, 中華书局

에릭 슐로서, 찰스 윌슨, 『맛있는 햄버거의 무서운 이야기』, 모멘토

오카 기타로, 『커피 한 잔의 힘』, 시금치

왕닝 외, 『설문해자와 중국고대문화』, 학고방

왕런샹, 『중국음식 문화사』, 민음사

윤구병, 『있음과 없음』, 보리

윤용현, 『전통 속에 살아 숨 쉬는 첨단 과학 이야기』, 함께자람

제프리 M. 필처, 『옥스퍼드 음식의 역사 - 27개 주제로 보는 음식 연구』, 따비

주영하, 『음식인문학』, 휴머니스트

최낙언, 『맛이란 무엇인가』, 예문당

최종덕, 『부분의 합은 전체인가』, 소나무

크리스토프 코흐, 『의식』, 알마

클라우스 오버바일, 『소금의 덫』, 가디언

톰 잭슨, 『냉장고의 탄생』, Mid

티에리 스카르, 『우유의 역습』, 알마

펠리스 페르난데스-아르메스토, 『음식의 세계사 여덟 번의 혁명』, 소와당

프랭크 오스키, 『오래 살고 싶으면 우유 절대로 마시지 마라』, 이지북

핼 스테빈스, 『카피공부』, 월북

황교익, 『미각의 제국』, 따비